Découvrir la psychanalyse

Chez le même éditeur

Petite histoire de l'Inde, Alexandre Astier
Comprendre l'hindouisme, Alexandre Astier
Communiquer en arabe maghrébin, Yasmina Bassaïne et Dimitri Kijek
QCM de culture générale, Pierre Biélande
Le christianisme, Claude-Henry du Bord
La philosophie tout simplement, Claude-Henry du Bord
Comprendre la physique, Frédéric Borel
Marx et le marxisme, Jean-Yves Calvez
Comprendre le catholicisme, Jean-Yves Calvez, Philippe Lécrivain
L'histoire de France tout simplement, Michelle Fayet
Citations de culture générale expliquées, Jean-François Guédon et Hélène Sorez
Psycho de base, Ghéorghii Grigorieff
QCM Histoire de France, Nathan Grigorieff
Citations latines expliquées, Nathan Grigorieff
Philo de base, Vladimir Grigorieff
Religions du monde entier, Vladimir Grigorieff
Les philosophies orientales, Vladimir Grigorieff
Les mythologies tout simplement, Sabine Jourdain
Découvrir la psychanalyse, Edith Lecourt
Comprendre l'islam, Quentin Ludwig
Comprendre le judaïsme, Quentin Ludwig
Comprendre la kabbale, Quentin Ludwig
Le bouddhisme, Quentin Ludwig
Les religions, Quentin Ludwig
La littérature française tout simplement, Nicole Masson
Dictionnaire des symboles, Miguel Mennig
Histoire du Moyen Age, Madeleine Michaux
Les mots-clés de la géographie, Madeleine Michaux
Histoire de la Renaissance, Marie-Anne Michaux
Découvrir la franc-maçonnerie, Alain Quéruel
Citations philosophiques expliquées, Florence Perrin et Alexis Rosenbaum
L'Europe, Tania Régin
Citations historiques expliquées, Jean-Paul Roig
Histoire du XXème siècle, Dominique Sarciaux
QCM d'économie, Marion Stuchlik et Jean-François Guédon
QCM Histoire de l'art, David Thomisse
Comprendre le protestantisme, Geoffroy de Turckheim
Petite histoire de la Chine, Xavier Walter

Édith Lecourt

Découvrir la psychanalyse

Deuxième tirage 2008

EYROLLES

Éditions Eyrolles
61, Bld Saint-Germain
75240 Paris Cedex 05
www.editions-eyrolles.com

Maquette intérieure : Nord Compo
Mise en pages : Facompo

ISBN : 978-2-7081-3602-1

En hommage à Geneviève Testemale,
Michel Basquin, Victor Smirnoff
et Wladimir Granoff.

Mes remerciements vont aux amis et collègues qui ont eu la gentillesse de me prêter un peu de leurs inconscients pour illustrer cliniquement cet ouvrage.

Introduction

Le mot « psychanalyse » est avant tout associé dans notre culture à un nom, Freud, son fondateur, et à une image, celle de la scène divan-fauteuil qui a habité depuis bientôt un siècle les productions littéraires, télévisuelles, cinématographiques et la presse en général. Écrire aujourd'hui un ouvrage sur la psychanalyse nécessite une mise en perspective riche, multiple, tenant compte de son évolution et de ses applications, mais aussi de son positionnement dans notre société. À l'heure où l'émiettement du savoir, la recherche de l'immédiateté du résultat et l'abstraction de la relation via Internet sont à l'honneur, la psychanalyse peut apparaître plus que jamais, à l'opposé, comme un travail de fourmi ! Elle soutient cette subjectivité si malmenée de nos jours mais essentielle à la survie de l'humain dans l'homme.

La psychanalyse est une science humaine, science de la réalité psychique et du sens. On entend par réalité psychique – opposée à réalité matérielle – ce qui concerne le désir, l'affect, le fantasme, l'imaginaire, la pensée. Son objet d'étude est le fonctionnement psychique, principalement mais non exclusivement, dans ses aspects les moins conscients. Elle s'intéresse aux effets de l'inconscient dans la vie quotidienne comme dans les maladies mentales, dans les symptômes psychiques et somatiques, mais aussi, plus largement, dans les productions culturelles de l'humanité. Les effets de l'inconscient se trouvent accessibles par les rêves, les lapsus, les actes manqués, les mots d'esprit, plus généralement, tout ce qui échappe à notre contrôle, au rationnel.

C'est une démarche scientifique qui se rapporte à tout ce qui paraît incongru, insensé, incompréhensible du comportement, de la vie sentimentale, du corps, des pensées de l'être humain. Sa recherche de signification porte sur la part de l'inconscient dans la production de faits psychiques ou physiques inexplicables ou dont l'explication paraît insuffisante, les faits psychiques inconscients, déterminés par le désir et les pulsions. La méthode psychanalytique par l'association d'idées et l'interprétation permet d'accéder aux significations liées au désir inconscient.

Cette recherche s'est développée au-delà de la psychologie traditionnelle dans une théorie, la métapsychologie (ouverture de la psychologie à une dimension inconsciente), et dans une méthode d'exploration du fonctionnement psychique, liée au dispositif particulier du divan, utilisée comme méthode de traitement de difficultés existentielles.

Si la psychanalyse a tant marqué la culture occidentale, c'est par l'importance des mises en question qu'elle a opérées, bousculant la conception traditionnelle de la personnalité, introduisant la sexualité au cœur même du fonctionnement psychique et ce, dès le plus jeune âge, se mettant ainsi en décalage même avec la jeune science qu'était alors la sexologie. La psychanalyse amène de grands chamboulements qui passent tous par des renoncements difficiles à accepter.

Le premier d'entre eux concerne le statut angélique, et donc asexué de l'enfant. Freud l'affirme, il existe une sexualité infantile qui se manifeste dès le sein maternel. Il attaque là les images les plus sacrées, la mère et l'enfant. Le deuxième renoncement concerne le statut de toute puissance du Moi dans la conception classique de la personnalité. Le Moi n'est pas maître chez lui, l'inconscient a une part beaucoup plus importante que nous ne l'imaginons dans nos actions, comportements, pensées, même dans le fonctionnement de nos organes, dans le biologique. Le troisième renoncement concerne la normalité : en étudiant des cas pathologiques, Freud renverse la donne, il met en évidence des processus et des structures psychiques qui constituent le fonctionnement de tout un chacun. Il affirmera ainsi que la normalité, dans notre société, c'est la névrose ! Il n'y a donc pas de séparation tranchée entre le normal et le pathologique. Pas facile à entendre lorsque l'on est attaché à l'image narcissique idéale de l'être sain de corps et d'esprit par opposition à l'être malade. De ce point de vue on peut dire que le fou a quelque chose à nous apprendre de notre propre fonctionnement dans ses aspects les plus méconnus de nous-même, car inconscients.

À la suite de Freud d'autres psychanalystes ont complété cette série de chamboulements dans la pensée contemporaine. Jacques Lacan avec sa théorie de l'inconscient structuré comme un langage, a mis en évidence l'origine langagière de l'humain jusque dans son inconscient. L'enfant attendu par ses parents existe déjà dans le discours du couple, de la famille, dans ce tissage langagier familial et social qui lui détermine une place en tant que sujet, place symbolisée par le nom qui lui est donné, nom lui-même assignation de genre (féminin, masculin) dans une société donnée. Renoncement cette fois à une certaine conception de l'individu, être totalement autonome. Il est façonné par le discours qui le précède, le nourrit et l'entoure, par les mots offerts par la langue, et qui seront ses outils de penser.

Renoncement qui sera redoublé quelques années plus tard par les propositions de René Kaës qui, dans le cadre de la théorie psychanalytique des groupes, ajoute que l'inconscient est structuré dans et par le groupe (en premier la famille). C'est-à-dire qu'il y a dans tout groupe une dimension de fonctionnement inconsciente. Dans le cadre familial, celle-ci offre une matrice psychique groupale à l'enfant avant même qu'il n'existe comme individu. Le nouveau-né est un être de groupe. Pour exister en tant que sujet il devra s'individuer.

On voit que l'inconscient a pris de plus en plus d'importance et, avec ces deux dernières propositions, l'individu n'est plus cette entité isolée, originale, mais le fruit d'un processus d'individualisation et de subjectivation jamais totalement accompli. Sur le terrain, les psychothérapies familiales qui se sont développées ces dernières années sont une application de ces changements de points de vue. Les dimensions intersubjectives et transgénérationnelles désormais prises en compte viennent compléter l'approche individuelle, la cure psychanalytique mise en place par Freud.

La tâche de la psychanalyse est de permettre au sujet un dégagement progressif de ces emprises, par des prises de conscience successives, rendre ces parties inconscientes conscientes et donc utilisables ; elle fait là œuvre de libération. Cette œuvre passe nécessairement par l'intersubjectivité de la relation développée entre le psychanalyste et son client (ou ses clients en groupe), l'un et l'autre (tous) engagés dans le processus analytique.

Pourquoi ce livre ?

Cet ouvrage a pour objectif de donner une information aussi complète que possible de ce vaste domaine qu'est devenue la psychanalyse dans notre culture. Il cherche surtout à sensibiliser le lecteur à la démarche psychanalytique elle-même, c'est-à-dire à une forme d'intérêt, de curiosité, de questionnement sur les faits et processus psychiques impliqués dans toutes les relations et activités humaines. Des vignettes cliniques des cas les plus célèbres ainsi que des exemples des manifestations de l'inconscient jalonnent ce parcours afin de stimuler cette curiosité. Ouverture de sens qui ne devrait jamais se figer, se refermer sur un dogme, sur l'assurance de détenir enfin la vérité. Comme nous venons de le montrer au travers de l'énumération de ces renoncements à la toute-puissance, il devrait s'en dégager une conception de l'homme qui assume sa contingence tout en déployant ses ressources créatives.

Pour comprendre la psychanalyse il nous semble essentiel de reprendre les premiers questionnements qui ont amené, dans le contexte historique de sa découverte, la mise en place de la méthode. Ce sera l'objet de la première partie. Nous développerons ensuite, dans la deuxième partie, la théorie psychanalytique en choisissant ses apports les plus fondamentaux à la compréhension des processus psychiques (il faudrait plusieurs ouvrages pour rendre compte de l'ensemble des développements théoriques). La troisième partie traitera du mouvement psychanalytique et ses rapports avec la société. La dernière partie sera consacrée aux développements théoriques et pratiques. Pour chacun des chapitres des documents compléteront le texte par des précisions utiles et des pistes de réflexion.

Nous ponctuerons cet ouvrage d'illustrations de l'inconscient au quotidien afin de souligner la façon dont la psychanalyse nous rend attentifs à cette réalité psychique malmenée par les valeurs de bienséance, normalité, adaptation, efficacité, compétitivité, à l'honneur dans nos sociétés. Ces illustrations concerneront aussi bien des individus, que des couples, familles, groupes et institutions, car l'inconscient se manifeste partout où se trouvent des humains.

Rêves, lapsus, oublis, mots d'esprits, etc., la liste est longue de ces émergences dans la vie quotidienne du désir inconscient, failles du contrôle, de la volonté de maîtrise, provoquant surprise, gêne, embarras, ou encore sentiment d'étrangeté (d'où cela peut-il me venir ?).

Nous espérons que ces illustrations sollicitent, stimulent, chez le lecteur, ses propres associations, tout au long de la lecture (idées, images, souvenirs, affects, etc.), dans un mouvement spontané de liberté de pensée.

Le cadeau de Madeleine

Madeleine déjeune avec des amis. Elle leur présente le très bel ouvrage d'art qu'elle vient d'acheter pour l'offrir à une amie. Elle avoue y être elle-même très intéressée. Au moment de partir rejoindre cette amie, elle oublie l'ouvrage sur la chaise. Elle ne pourra pas l'offrir.

Cet oubli illustre bien le trouble de mémoire comme réalisation d'un désir. Pourra-t-elle le récupérer ? À ce moment l'offrira-t-elle quand même ? Ou le gardera-t-elle pour elle ? Nous ne savons pas la suite. Mais, de toute façon, Madeleine a compris, par cet oubli, à quel point il lui était difficile de renoncer à cet ouvrage.

Partie I

Historique

La psychanalyse s'est progressivement dégagée de l'hypnose et des méthodes thérapeutiques de suggestion, pour se différencier nettement des pratiques psychothérapiques du début du XXe siècle. Tout en proposant une nouvelle méthode, elle dépasse rapidement les questions proprement techniques pour mettre en place une recherche sur le fonctionnement psychique inconscient, source d'une compréhension nouvelle des maladies mentales. De plus, méthode de thérapie et recherche sont, dans ce cas, intimement liées à une réflexion théorique ambitieuse. C'est ce qui va faire de la psychanalyse une démarche originale parmi les psychothérapies, démarche dans laquelle pratique, recherche et théorie avancent ensembles, bénéficiant de chaque nouvelle situation clinique.

Nous suivrons les principales étapes de la mise en place de la technique psychanalytique pour situer la démarche freudienne dans le contexte de la neuro-psychiatrie et de la psychothérapie, contexte qui n'est pas sans relations, d'ailleurs, avec la situation actuelle (le retour à l'hypnose par exemple). Cette approche historique nous permettra de suivre les avancées de la recherche et la façon dont chaque cas impulse de nouvelles perspectives (nous nous arrêterons, en particulier, sur le cas de Anna O.). C'est la relation entre le psychanalyste et l'analysant, aux niveaux conscient et surtout inconscient qui, finalement, devient l'axe de la psychanalyse.

Chapitre 1

De l'hypnose à la psychanalyse

« L'inconscient produit partout et toujours des effets contre lesquels les hommes ne cessent de se défendre, ou qu'ils interprètent faussement, ou encore qu'ils cherchent à manipuler par des voies obscures pour un profit supposé. »

D. Anzieu, *Le groupe et l'inconscient.*

Au départ, il y eut un petit groupe : le groupe du mercredi. La théorie est née des échanges de Freud avec son ami Fliess, relayés ensuite au sein de ce petit groupe, à Vienne, composé d'intellectuels, beaucoup d'origine juive, médecins, philosophes, littéraires, qui seront, pour la plupart, les premiers psychanalystes. Par la suite un mouvement est créé, puis ce sera le tour d'une société de psychanalyse dont l'administration sera confiée à la Suisse. Elle sera localisée à Zürich.

Ce petit groupe partageait une vision progressiste qui s'opposait à l'ambiance de fin de siècle et à la morosité de la société viennoise : défaite politique, krach économique, antisémitisme…

La Société psychologique du mercredi fut créée en 1902 et dura cinq années avant de donner naissance à la première association de psychanalyse (l'association viennoise). Les réunions avaient lieu au domicile de Freud. Autour du maître, se retrouvaient tous les mercredis soirs, au début cinq personnes, puis une douzaine en moyenne (ils seront vingt-deux au moment de la création de l'association). La règle était que tous s'expriment, sans préparation écrite. Pour cela il était institué un tirage au sort déterminant l'orateur du jour. À la suite de la conférence une discussion était lancée. Progressivement une partie du groupe pratiqua la psychanalyse. C'est comme cela que celle-ci s'inventa.

On observe donc, dès le départ de cette aventure psychanalytique, l'importance donnée par Freud à la méthode. Une méthode originale qui tranche avec les habitudes universitaires et professionnelles : pas de conférence préparée, mais un discours improvisé. Le conférencier, tiré au sort, privé de papier, est contraint en surprise à utiliser ce qui lui vient, dans cette situation groupale, et d'en faire une présentation aux autres, présentation qui sera discutée.

Cette méthode que l'on peut considérer aussi comme un rituel de groupe, est une attaque de la maîtrise individuelle (il s'agit d'improviser, à l'improviste), et groupale (contre le leadership, et même contre le tour de rôle, rituel si commun au groupe).

La première société psychanalytique française ne fut fondée qu'en 1926. La Suisse, où se trouvaient plusieurs disciples de Freud, Jung notamment, fut le premier pays à créer une société psychanalytique, en 1907, une clinique où l'appliquer, le Burghölzli à Zürich. Elle fut aussi la première à l'enseigner à l'université. Elle fut suivie par les pays germaniques avec, à Vienne, le groupe freudien des origines, puis, grâce à l'ami fidèle de Freud, Ernest Jones, par les sociétés américaine (1911) et britannique (1913). Dès ce moment le psychiatre français parmi les plus influents à cette époque, Pierre Janet, dénonça la part excessive donnée à la sexualité – le « pansexualisme » – par la théorie freudienne (notons que ce même auteur annonçait dès 1923 la fin de la psychanalyse !). Cet argument resta toujours très actif pour tous les réfractaires à la psychanalyse.

La France possède aussi à cette époque deux grands noms de l'hypnose, Charcot et Bernheim, ce qui a pu freiner le développement de la psychanalyse.

Trois villes : Vienne, Zürich, Berlin furent les trois places fortes de l'histoire de la psychanalyse, y associant trois pays germanophones, l'Autriche, la Suisse, et l'Allemagne. Ce furent donc,

Vienne pour les débuts, Zürich pour la mise en place et enfin Berlin, après la Première Guerre mondiale. Sans en faire le tour, nous choisirons de nous arrêter à Vienne pour évoquer l'ambiance des débuts.

Le rêve d'Émilie

Émilie raconte ce qui lui reste d'un rêve court : un lit, une impression de mouvement, on apporte un thé à la menthe... L'analyste entend *« le thé à l'amante »*, il répète *« à l'amante »*, cet écho rend Émilie sensible à l'interprétation de ce rêve comme l'expression de son désir sexuel.

Ce rêve part de la situation réelle, matérielle de la rêveuse : elle dort, elle est donc effectivement dans son lit. C'est l'animation, le mouvement perçu physiquement, qui engage le corps et le désir, celui de la relation (on apporte le thé) qui, finalement, est à l'origine du jeu de mot.

Émilie confiera qu'elle a effectivement un ami... oriental !

Vienne

Vienne est la capitale d'un empire en voie de décomposition. À la suite de la révolution de 1848, il ne reste bientôt du St-Empire Romain, que l'Autriche-Hongrie. De façon paradoxale, dans ce contexte de décadence, la ville de Vienne garde une très grande portée culturelle, pôle d'attraction pour les intellectuels et les artistes. Mais cette élite a tendance à se mettre à distance du monde extérieur, à se replier sur elle-même. La réduction du territoire (perte de l'Italie, en particulier), la défaite contre la Prusse, et encore le krach financier de 1873 à la suite de l'exposition universelle (le « vendredi noir ») ont créé un effet de choc. En témoigne l'ironie du dicton viennois : « *La situation est certes désespérée, mais on ne peut pas dire qu'elle soit vraiment grave !* »

On observe alors deux tendances principales : se détourner de l'actualité pour se reporter sur le monde intérieur. La psychanalyse, comme l'art et la littérature, fait partie de ce mouvement. Ou alors se distraire, s'étourdir dans les festivités fastueuses de la cour, les valses et opérettes de Strauss et d'autres, les bals masqués, les carnavals… L'impératrice Elisabeth présente elle-même des traits hystériques et oppose une ironie farouche au désespoir ambiant. Elle se trouve fascinée par la folie. « *La folie est plus vraie que la vie* », déclare-t-elle, allant jusqu'à commander, pour sa fête, un asile de fous parfaitement équipé ! C'est le grand architecte Otto Wagner qui sera chargé d'édifier l'hôpital psychiatrique de Steinhof, un luxe encore jamais atteint pour une telle institution.

On voit que l'intérêt pour la psychopathologie, pour l'hystérie, en particulier, n'était pas propre à Freud, mais à cette société, de même que la confrontation entre amour et mort/destruction, thématiques fortement représentées dans la peinture notamment. La sexualité est aussi d'actualité, plusieurs auteurs y avaient déjà consacré des études : le psychiatre Krafft-Ebbing publie en 1886 *Psychopathologie sexuelle* ; le philosophe Weininger écrit *Sexe et caractère*, qui rencontre un très grand succès (ce qui ne l'empêchera pas de se suicider à 23 ans !). On peut également citer l'écrivain Schnitzler, ainsi que les peintres Klimt et Schiele du mouvement Sécessionniste.

■ Le mouvement sécessionniste

Sécession, ce mot est à l'affiche d'un mouvement artistique de la fin du XIXe siècle. C'est à la suite de dissensions dans l'Association des Artistes Viennois que Gustav Klimt se retire avec ses amis et décide de fonder l'Association des Artistes autrichiens-Sécession de Vienne en 1887. Ce mouvement prônera un art moderne *« à chaque siècle son art, à l'art sa liberté »* et démocratique *« l'art appartient à tous »*… Les expositions de cet art influencé par l'Orient – le Japon en particulier – auront d'emblée un grand succès. Ce mouvement s'éteindra dans les années 1930.

Même la démarche d'auto-analyse qui conduira Freud, au travers de l'analyse de ses propres rêves, à ses principales découvertes, est partagée par d'autres, dans ce contexte de retour sur soi, Schiele, par exemple, avec ses autoportraits… Se dégage alors une problématique commune : il s'agit de chercher à connaître et à maîtriser les forces obscures qui habitent l'être humain.

■ La psychanalyse et l'art

La place faite à l'imaginaire dans l'art a toujours intéressé les psychanalystes. Freud a considéré l'art comme le produit de la sublimation. C'est-à-dire de la dérivation de la pulsion sexuelle vers un objet non sexuel, un objet de culture. Mettre l'énergie sexuelle à la base de l'œuvre d'art a fait scandale à l'époque, pour tous ceux qui associaient l'activité artistique à une certaine pureté, ou encore à une inspiration extérieure à l'individu (les muses, Dieu, etc.).

Les artistes eux-mêmes ont souvent hésité à s'engager dans une cure psychanalytique, craignant d'y perdre leur inspiration, leur créativité. Tandis qu'un psychanalyste comme Donald Woods Winnicott a montré comment, au contraire, la relation psychanalytique crée un espace de créativité, « l'aire transitionnelle » et utilise des processus communs avec les activités artistiques. Nous y reviendrons. Enfin, dans la clinique les activités artistiques (peinture, danse, musique, théâtre) sont utilisées dans le cadre de certains traitements. Depuis une trentaine d'années ces pratiques ont eu un fort développement international sous la forme de ce que l'on appelle les « arts thérapies » (danse thérapie, musicothérapie, etc.) La référence psychanalytique est très présente dans la majorité d'entre elles, et certains psychanalystes s'y sont eux-mêmes engagés.

Voilà donc bien l'ambiance de désespoir de cette ville au passé prestigieux, ville que Freud a plusieurs fois déclaré détester ! Il y restera pourtant jusqu'à son exil forcé en 1938, à la suite de la montée du nazisme et de l'antisémitisme.

Que l'on ne s'y trompe pas, cette mise en perspective de l'invention de la psychanalyse n'enlève rien au génie de Freud. Elle montre que, par une démarche d'auto-analyse qui pourrait faire penser à un égocentrisme et, par la suite, à une tendance à projeter cette exploration subjective sur autrui, cette nouvelle théorie synthétise en réalité des thématiques fortement présentes dans la société viennoise. Elle partage les préoccupations des contemporains de Freud et tente d'y apporter une réponse. L'inventeur de la psychanalyse ne promet pas le bonheur, mais plutôt un soulagement par le moyen d'une prise de conscience qui produit un dégagement d'énergie psychique pour de nouveaux investissements, et une meilleure capacité d'assumer le quotidien, ou « malheur banal ». Freud a toujours partagé, de ce point de vue, le pessimisme ambiant !

Le peintre et son autoportrait

À la suite d'une exposition il est proposé au peintre de faire un DVD souvenir des œuvres exposées. L'idée valorisante et utile a été accueillie très favorablement par l'intéressé, mais, malgré de multiples rappels le peintre résistait à fournir les photos de ses tableaux. Lorsque l'aide d'un technicien fut assurée, un rendez-vous fut pris pour la réalisation. Il fallait donc avoir les photos pour cette date. Il fallut encore plusieurs rappels pour mobiliser le peintre : il oubliait, ne se rappelait plus les tableaux exposés, etc. Enfin il appela pour annoncer qu'il avait retrouvé et photographié une bonne partie des œuvres concernées. À ce moment précis, en s'entendant prononcer ces mots, il réalisa qu'il manquait son autoportrait, dont on lui avait pourtant rappelé peu de temps avant qu'il constituait un élément important de ce document. Il avait en effet été particulièrement touché au moment de l'exposition de la façon dont ce tableau avait été perçu par ses convives. C'est alors qu'il leur révéla (ce n'était pas écrit) qu'il s'agissait de son autoportrait.

Tout ce temps passé en résistance avait sûrement à voir avec une très forte ambivalence condensée sur cet autoportrait. Qu'avait-il le sentiment de montrer de lui, de révéler, par sa peinture et par ce tableau particulier ? Que risquait-il de dévoiler ? Qu'avait-il compris dans l'appréciation de son public ?

Cet exemple montre la lourdeur, la répétition du processus défensif.

Freud (1856-1939)

Freud est décrit par ses disciples comme une forte personnalité, au discours direct, au caractère intransigeant et résolu. Il faut dire aussi que, bien que souvent modeste, voire pessimiste, il portait en lui une grande ambition. Son œuvre devrait un jour « *faire du bruit* » !

Fils d'Amalia et de Jacob Freud, marchand de textiles, Schlomo Sigismund, dit Sigmund Freud, était né à Freiberg en Moravie le 6 mai 1856. Il était l'aîné d'une grande famille puisqu'il fut suivi de six enfants, deux frères et quatre sœurs. Amalia était la troisième femme de son père qui avait déjà deux fils de sa première femme. Freud était adoré de sa mère « *mon Sigi en or* » disait-elle ! Tandis que son père lui transmit les valeurs du judaïsme sans être toutefois traditionaliste. Il s'agissait d'un milieu ouvert. Sigmund s'attache particulièrement à sa gouvernante d'origine tchèque, catholique, Monica Zajic ou « Nannie » qui lui parle du bon Dieu et l'amène à l'Église.

Le développement de l'industrialisation, l'arrivée des machines met en difficulté le commerce de Jacob qui quitte Freiberg en 1859 pour s'installer à Leipzig, où il ne restera d'ailleurs qu'un an, avant de s'installer définitivement, à Vienne cette fois, dans le quartier juif. Freud fait là sa scolarité, puis ses études de médecine. Sa curiosité l'amène à s'intéresser à l'esprit scientifique régnant, à la biologie darwinienne. Il obtient une bourse pour parfaire ses études de zoologie en Italie, à Trieste. Il observe le fonctionnement des cellules nerveuses des anguilles (ce qui pourra inspirer ses réflexions sur le système nerveux humain, le fonctionnement des neurones en particulier). Il passe ensuite à la physiologie, et c'est à ce moment qu'il rencontre Josef Breuer avec lequel il partagera ses premières expériences cliniques. Au cours de son service militaire il fait des traductions du philosophe anglais John Stuart Mill, partisan du libéralisme politique, pour l'éditeur allemand de ce dernier, Theodor Gomperz.

Un tournant décisif

Diplômé en 1882 il se fiance avec Martha Bernays. Il doit alors renoncer à une carrière de chercheur pour assurer son quotidien. Il se consacre à la pratique médicale, travaille à l'hôpital général de Vienne. Après une étude sur la cocaïne, il obtient une bourse pour Paris où il rencontre Charcot le grand maître de l'hypnose. Ce séjour fut décisif pour sa carrière et pour l'invention de la psychanalyse.

De retour à Vienne il se marie avec Martha en 1886. Ils ont une première fille, Mathilde. Freud fait la connaissance du médecin berlinois Wilhelm Fliess, ami et confident, qui prendra une grande place dans l'élaboration de la théorie freudienne, par le soutien amical et critique qu'il offrit pendant des années et dont témoigne leur abondante correspondance au cours de ces premières années de découverte de la psychanalyse. Fliess tentera de faire renoncer Freud au tabac sans aucun succès ;

Freud a besoin de cette stimulation et pense qu'elle lui donne une meilleure efficacité intellectuelle. Il aura malheureusement à en subir les conséquences.

■ L'œuvre de Freud

En quelques chiffres : des centaines d'ouvrages ont été consacrées à son œuvre et à sa vie dans le monde (E. Jones a été son premier et principal biographe). Son œuvre elle-même comporte 24 ouvrages et 123 articles, sans compter l'abondance de sa correspondance – des milliers de lettres – dont une partie seulement a été conservée, certaines éditées. On compta aussi près de 90 concepts proprement freudiens. Enfin, il a formé à la psychanalyse une soixantaine de praticiens. En comparaison de ces chiffres on peut dire qu'il a eu relativement peu de patients (surtout si on pense aux consultations psychiatriques actuelles, centrées sur le biologique, ce qui n'est bien sûr pas comparable), mais avec des séances souvent longues, quotidiennes voire biquotidiennes, pour des traitements intensifs (en temps et en profondeur).

La Berggasse : la pratique clinique

Il s'installe à la Berggasse (rue devenue célèbre !) où il restera jusqu'à son exil à Londres en 1938, soit un an avant sa mort. Il reçoit beaucoup de femmes « malades des nerfs » comme on disait à l'époque, et d'hystériques, venues essentiellement de la bourgeoisie viennoise, qu'il cherche à soulager de leurs souffrances psychiques. Cette précision peut paraître superflue au lecteur actuel, mais à l'époque, ces troubles mentaux étaient surtout observés, répertoriés, sans que l'on s'inquiète trop du sort de ces patients pour lesquels on n'avait aucun traitement. Avec Bleuler, Freud est de ceux qui développent une approche plus humaine, n'hésitant pas à s'approcher du ressenti des patients. On soulignera donc ici cette attention portée par Freud à la souffrance psychique de l'autre, et la volonté de trouver à la soulager.

Il tente d'abord les méthodes habituelles à l'époque : les massages, l'hydrothérapie, l'électrothérapie, sans grand succès. Il s'inspire alors des méthodes de suggestion d'Hippolyte Bernheim rencontré à Paris lors d'un congrès, en 1889. Il s'inspire aussi de la théorie associationniste pour traiter l'aphasie. L'influence de Breuer l'amène à renoncer à l'hypnose au profit de la catharsis. Mais il transforme encore cette méthode, renonçant à la suggestion directe, pour développer la méthode des associations d'idées libres, devenue la *psycho-analyse* en 1896, terme d'ailleurs proposé initialement par Breuer.

Son œuvre reconnue il est enfin nommé professeur extraordinaire, c'est-à-dire à la chaire de neurologie, nomination ratifiée par l'empereur François-Joseph en 1902. En 1923 Freud découvre l'existence d'une petite tumeur dans son palais. Il faudra une première ablation et une prothèse, mais cette intervention sera encore suivie de 30 autres opérations successives ! C'est dire les souffrances qu'il a endurées au cours de la quinzaine d'années qu'il lui restait à vivre. Il y montra une très forte volonté, menant un terrible combat contre la maladie. De ce fait E. Jones prendra de plus en plus d'importance dans la gestion des affaires du mouvement psychanalytique. C'est aussi lui qui écrira la première biographie de Freud. En 1930 Freud écrit *Malaise dans la civilisation*, s'interrogeant sur la capacité des démocraties à dominer les pulsions destructives de l'être humain... Il se montre de plus en plus pessimiste.

La montée du nazisme partage les psychanalystes quant aux positions à tenir. Freud souhaitait rester à Vienne. Mais grâce à l'intervention du diplomate autrichien William Bullitt et à une rançon versée par Marie Bonaparte elle-même (fidèle cliente et amie de la psychanalyse), Freud accepte finalement de quitter Vienne avec sa famille, en 1938, et s'installe à Londres (où se trouve maintenant le musée qui lui est consacré). Il rédige son dernier ouvrage : *L'homme Moïse et la religion monothéique*.

Freud meurt avec l'aide de son médecin M. Schur le 23 septembre 1939. Il ne saura pas que ses quatre sœurs ont été déportées et exterminées... Bien qu'incroyant, Freud ne renia jamais son origine juive, dont il est resté fier malgré les déconvenues.

■ Psychanalyse et religion

Freud

De *Totem et Tabou* écrit en 1912 à *L'homme Moïse et la religion monothéique* en 1938, sans compter les correspondances, Freud se pose la question de la religion en tant de phénomène psychique. Il la considérera tour à tour comme une névrose, une illusion, ou encore comme un bien culturel. L'analyse devrait, par le traitement de la névrose infantile à l'origine de la religion, rendre cette dernière inutile. Car la religion procède d'un compromis entre les instances psychiques, le Moi, le Ça et le Surmoi. Elle fait partie de ce que l'on appelle la sublimation, c'est-à-dire une dérivation de la pulsion vers un objet non sexuel. Elle provient de l'état de totale dépendance de l'enfant à l'égard de l'adulte, figures de père et/ou de mère idéalisées.

Après Freud, certains psychanalystes seront attachés à la dimension religieuse, tels C.G. Jung ou F. Dolto.

Jung

À la fin de sa vie Jung considéra Dieu comme une de ces figures archétypiques universelles, nécessaires au fonctionnement psychique humain. En même temps, cette analyse montre que la religion n'est pas qu'un vague mirage, mais qu'elle est déterminée par le fonctionnement psychique humain, intimement liée à l'expérience humaine. La foi qui l'anime peut conduire à l'amour comme à la haine et la destruction.

Psychanalyse et textes religieux

La question s'est posée à nombre d'analystes et de religieux de savoir si la méthode d'interprétation psychanalytique était utilisable pour les textes religieux. La tentation peut être forte, en effet, d'interpréter les symboles religieux à la façon psychanalytique... Si beaucoup de psychanalystes considèrent que la psychanalyse n'a pas le pouvoir de rendre compte de tous les phénomènes religieux, elle peut éclairer la part qu'un individu prend au religieux. Ces réflexions rejoignent la place et les fonctions de l'idéologie pour l'individu et pour la société.

Du magnétisme à l'hypnose et à la suggestion

C'est à Franz Anton Mesmer (1734-1815) que l'on doit l'introduction du magnétisme dans le traitement psychiatrique. Psychiatre autrichien, d'origine allemande, Mesmer affirme en 1773 que les maladies mentales sont dues au déséquilibre d'un fluide qui se trouve dans l'organisme humain (comme aussi chez l'animal). Sa première expérience est réalisée sur une malade hystérique. Il donne une assise plus rationnelle à ces phénomènes en les expliquant par la physique magnétique, le pouvoir d'attraction de l'aimant.

■ La technique du baquet de Mesmer

Avec cette pratique Mesmer remporte un grand succès. Dans la technique du « baquet », les malades sont traités en groupe, liés les uns aux autres autour d'un baquet où se trouvent des matériaux conducteurs. Le thérapeute utilise un aimant pour rétablir la circulation du fluide. Mesmer souligne toutefois déjà l'importance du médecin, de sa relation aux patients.

Contre l'Église il démontre qu'il peut avoir de meilleurs résultats que les exorcistes officiels, et, par là même, apporter une explication plus rationnelle à ces phénomènes. Il substitue ainsi une pratique médicale à cette autre thérapie religieuse. Le magnétisme remporte beaucoup de succès en France où Mesmer décide de s'installer en 1778. Il fonde la Société de l'harmonie universelle, pensant que sa technique permettrait de rétablir ainsi un bon fluide entre les humains… Il sera toutefois condamné en 1798 par l'Académie de médecine. C'est le marquis de Puységur qui dégagera la nature psychologique de ces effets pour substituer à la technique du magnétisme (de l'aimant), celle de la suggestion.

Freud reprend ces travaux dans la réflexion qui le mène de l'hypnose, à la suggestion et à sa propre technique dans laquelle la relation au thérapeute se dégagera progressivement jusqu'à prendre la place centrale. Il propose les notions de transfert et de contre-transfert pour rendre compte de ce qui se joue entre deux subjectivités dans cette situation particulière.

Jean-Martin Charcot (1825-1893) et Sigmund Freud

Freud, la trentaine, étudiant en médecine obtient en 1885 une bourse pour un stage de huit mois à l'hôpital de la Salpêtrière dans le service de neurologie du Dr Jean-Martin Charcot (il créa la première chaire de neurologie). Il assiste aux séances de démonstrations spectaculaires qui y ont lieu tous les mardis pour un public d'élèves, disciples et autres médecins. Il s'agit de patientes hystériques qui, sous hypnose, sont amenées à révéler le mécanisme des accès hystériques, notamment les paralysies incompréhensibles, car souvent très invalidantes et pourtant sans cause organique. Freud est impressionné par ces manifestations. Tandis que Charcot lui communique ses observations sur l'importance des chocs affectifs et des troubles de la sexualité qu'il pense trouver à l'origine de cette pathologie.

■ La figure emblématique de l'hystérie

C'est bien sûr une femme : une femme à la poitrine dénudée, le corps arc-bouté, la tête renversée en arrière, les bras ballant, atones, soutenue par des assistants. C'est le très fameux tableau qu'André Bouillet a réalisé en 1886, *La leçon clinique de Charcot*. Charcot y est représenté en maître ayant autorité sur le groupe d'élèves, disciples et assistants, commentant l'état de catalepsie dans lequel il a plongé cette femme, grâce à l'hypnose. Cette figure qui montre la force de ces pulsions qui animent l'être humain malgré lui, est restée emblématique de l'hystérie et de cette période fascinée par l'hypnose.

Mais qu'appelle-t-on hystérie dans le vocabulaire psychopathologique ? Il s'agit d'une forme de névrose dans laquelle le conflit à tendance à se manifester de façon symbolique (par exemple dans une utilisation inconsciente du corps et du symptôme somatique) et en empruntant souvent des aspects théâtraux. Les formes les plus courantes sont l'hystérie d'angoisse (centrée sur la phobie) et l'hystérie de conversion. Très fréquente à l'époque de l'invention de la psychanalyse, cette névrose n'a plus actuellement la même place dans la psychopathologie contemporaine où sont apparues de nouvelles formes de pathologies regroupées sous le terme général de « pathologies limites ».

On parle de conversion pour rendre compte du fait que le conflit psychique est transposé en un symptôme somatique : le patient souffre de paralysie, de douleur, etc., et non d'angoisse – trouble psychique initial. Ce symptôme reste inexpliqué d'un point de vue médical. Ce qui caractérise ce type de symptôme, c'est qu'il a une forte valeur symbolique, contrairement à d'autres somatisations restées plus proches de la réalité matérielle des maladies organiques. Un de ces symptômes très courant est, par exemple, l'aphonie liée à une situation relationnelle particulièrement importante pour le sujet.

■ Les pathologies limites

Il s'agit d'un ensemble de pathologies dont la fréquence s'est accrue ces vingt dernières années. Elles ont en commun une fragilité narcissique. Fragilité de la construction du Moi qui peut être à l'origine de dépressions, de somatisations, de passages à l'acte suicidaires. C'est cette fragilité structurelle qui les distingue des névroses classiques.

Freud se trouve confronté au « génie » de Charcot, tandis qu'il se considère lui-même comme timide, embarrassé, avec une faible estime de lui. Il observe avec envie l'ascendant, l'autorité et l'assurance du maître, alors au sommet de sa carrière. Charcot siège à l'Académie des Sciences, la plus haute instance scientifique de l'époque. Ce chef d'École est d'ailleurs surnommé par certains « le Napoléon des névroses ». Ce grand maître exerce un pouvoir de fascination bien utile pour ses expérimentations et démonstrations d'hypnose.

■ Freud et Charcot

Ces deux hommes aux personnalités si contrastées ont pourtant des points communs : origines relativement modestes, recherche d'ascension sociale. Tous deux sont libéraux et anticléricaux.

Charcot eut une carrière brillante, il eut la chance d'avoir pour maître et pour soutien personnel le propre médecin de Napoléon III, le professeur Rayer, aussi doyen de la faculté de médecine. De plus, grâce à la fortune personnelle de sa femme, Charcot a pu s'ouvrir au monde des artistes, collectionnant des œuvres, organisant conférences et réceptions. Il se trouve bénéficier, en France, du triomphe de la IIIe République, de son programme de laïcisation des hôpitaux, arrachés ainsi au pouvoir de l'Église. Charcot analyse d'ailleurs les comportements d'extase et de possession religieuse à la lumière de ses observations sur les hystériques. Il participe plus largement à la politique, en préparant, notamment, l'alliance franco-russe.

À l'opposé, Freud édifie son œuvre à partir d'une situation de crise personnelle, professionnelle, sociopolitique (l'Empire austro-hongrois affaibli, résigné). Il se réfugie dans l'autoanalyse. De plus, son origine juive le situait dans une certaine marginalité. C'est ainsi que, malgré le succès de ses travaux, il devra attendre 17 années avant d'obtenir la chaire à la faculté de médecine tant convoitée par lui.

À son retour de Paris il occupera pendant une dizaine d'années un poste de médecin attaché à un hôpital pour enfants et ouvrira un cabinet privé. C'est une période où il se trouve freiné, frustré professionnellement. Dans un environnement vécu comme hostile il se concentre sur l'exploration du monde intérieur, avec l'analyse des rêves, des conflits et drames psychologiques. Le conflit entre père et fils, au centre de sa théorie de l'Œdipe, peut être interprété comme un substitut aux conflits politiques de la sphère sociale.

Freud découvre Paris et les gargouilles de Notre-Dame. Il aimera s'y promener, parmi monstres et diables. Ce bestiaire constitue pour lui comme une illustration des figures de l'inconscient. Il ne se trouve donc pas si loin d'un Charcot passionné, lui, par les grimaces des possédés ! La technique de l'hypnose, après une période florissante, à la fin du XIXe siècle, a été mise à l'écart, notamment par le succès de la psychanalyse, mais est revenue sous une autre forme, dans les années soixante-dix, la sophrologie (avec Caïcedo et Chertok, notamment), utilisée dans un cadre strictement médical (particulièrement en dentisterie) pour traiter la douleur. Plus récemment, l'hypnothérapie est réapparue dans le cadre des psychothérapies.

■ La technique de l'hypnose

Dans la technique de l'hypnose, la personne de l'hypnotiseur joue un rôle essentiel par sa prestance, l'autorité qu'il exerce. Il doit convaincre, il doit être assuré d'obtenir ce qu'il demande au sujet. La technique elle-même est simple, d'où aussi son succès, dans le milieu médical, mais aussi dans celui du spectacle. Il s'agit, en réalité, de provoquer un état somnambulique. L'hypnotiseur commence généralement par réduire le champ de conscience du sujet en lui demandant de concentrer toute son attention sur un point, par exemple le doigt ou le nez du thérapeute, puis il commande l'état hypnoïde. Il peut ordonner, par exemple, avec autorité : « Dormez ! » Il affirme ensuite des ressentis corporels, ou suggère des représentations (comme retrouver une scène traumatique). Il peut aussi affirmer l'exécution de suggestions de gestes, d'actes sous hypnose ou post-hypnotiques, par exemple un acte démonstratif : « En sortant de votre état actuel vous prononcerez tel mot, vous ferez tel geste. » Ou une suggestion liée au problème : « À chaque fois que vous vous trouverez dans telle situation vous agirez de telle façon. » Les suggestions doivent concerner des paroles, gestes, actes relativement simples pour être efficaces.

Malgré tout il y a des personnalités réfractaires à toute suggestion hypnotique, et c'est ce qui a freiné son développement. Il a aussi été question des limites d'une telle influence et des dangers possibles, en raison, notamment, de l'état de totale dépendance dans lequel est mis le sujet. L'observation clinique a montré que les sujets résistent à des suggestions qui touchent à leur intimité et à leur moralité.

Charcot découvre la possibilité de produire expérimentalement, sous hypnose, un accès d'hystérie dont il va ainsi pouvoir analyser les composantes. Il distingue quatre phases successives :

- la phase épileptoïde ;
- la phase des grands gestes ;

- la phase des attitudes passionnelles (phase hallucinatoire) ;
- le délire terminal.

C'est au cours de la troisième phase, que se produit selon lui la reproduction du souvenir de la scène liée au traumatisme. Mais si l'hystérie se manifeste par ces accès – plus fréquents à la période freudienne que maintenant – elle se manifeste aussi par des symptômes permanents. Si certaines thérapies préconisaient à l'époque de tenter de supprimer ces représentations par des suggestions médicales, avec l'hypnose le but est de ramener ce souvenir à la conscience normale.

Le président de séance

Qui n'a pas déjà entendu ce fameux lapsus d'un président de séance de conseil au moment où, solennellement, debout, il s'apprête à annoncer l'ouverture de la session et, à la place, prononce les paroles suivantes : *« La séance est levée »* (au lieu de *« La séance est ouverte »*), ce qui veut dire qu'elle est terminée !

Il manifestait par là qu'il n'avait aucune envie de participer à cette séance. Cela, tout le monde le comprend (pas besoin d'être psychanalyste !). Mais pourquoi a-t-il fait ce lapsus ? Pour répondre à cette question, il faudrait avoir des éléments personnels, non seulement sur ce qui pouvait être en jeu dans cette séance particulière, mais plus généralement ce à quoi ce lapsus était associé dans la pensée du président.

On peut s'étonner de ce que tout le monde comprenne un tel lapsus et y réagisse ! Nous y voyons le témoignage de ce partage dont nous avons conscience d'éléments qui nous échappent, désirs, angoisses, fantasmes qui nous sont pourtant communs, et qui nous permettent de manifester entre nous une certaine empathie, voire même une complicité dans ce cas (pour ceux qui se seraient tout aussi bien épargnés cette séance !).

L'origine des maladies mentales

On l'a traditionnellement recherchée soit dans des facteurs physiques, organiques (organogenèse), soit dans des facteurs psychologiques (psychogenèse), soit encore dans des facteurs sociaux, environnementaux, culturels (sociogenèse). Selon les périodes et les auteurs, l'une ou l'autre de ces hypothèses a été prédominante dans l'histoire de la psychiatrie et de la psychopathologie.

Freud prit fermement position pour souligner l'importance des facteurs psychologiques, même s'il n'a jamais abandonné totalement l'éventualité que ces derniers se trouvent associés à des facteurs organiques encore à découvrir. C'est d'ailleurs après s'être intéressé très précisément au système nerveux central et au fonctionnement des neurones dans sa fameuse *Esquisse d'une psychologie scientifique,* qu'il se tourna de façon déterminante vers les facteurs psychologiques.

■ **La théorie de l'hérédité-dégénérescence**

Dérivée de la théorie de l'évolution par sélection naturelle de Darwin, cette théorie était très en vogue à la fin du XIXe siècle. Elle était particulièrement appliquée à la folie, à la criminalité, et aux déviations sexuelles, toutes trois considérées comme des traces de la dégénérescence. Celle-ci conduit inéluctablement l'individu, ou le groupe (la famille, la race), à la déchéance, l'extinction. Le seul vrai remède est donc la sélection. La prévention et l'éducation sont toutefois aussi proposées pour éviter le pire, et on attend à ce niveau beaucoup de la science. Dans la psychiatrie, c'est la théorie de Morel, puis celle de Magnan : les stigmates physiques ou moraux sont les signes de la dégénérescence qui amène à l'anéantissement de l'espèce (la maladie mentale faisait partie de ces signes). En Italie c'est la théorie de Lumbroso qui applique ces mêmes principes à la criminalité (la conduite criminelle était alors considérée comme marque de dégénérescence). Tandis que la sexologie qui s'intéresse précisément aux déviations sexuelles va être à l'origine des grandes enquêtes américaines (les célèbres rapports Kinsey, et Masters et Johnson), ces déviations étant elles-mêmes considérées à l'époque comme des signes de cette dégradation progressive et irrémédiable.

La névrose

Le terme de « névrose » a été proposé par William Cullen en 1877 pour désigner une maladie du système nerveux d'origine organique. Dans ce cadre l'hystérie était une forme de névrose dont l'origine organique était l'utérus.

Freud substituera à cette conception, une théorie faisant de ces névroses des maladies d'origine cette fois psychique, puisque issues d'un conflit psychique dont l'origine est à chercher dans l'histoire infantile du sujet. Les symptômes présentés sont le résultat d'un compromis entre le désir inconscient et les mécanismes de défense mis en place par le Moi pour contrer et permettre une adaptation à la réalité extérieure. Ce conflit entre une réalité psychique intérieure et la réalité sociale est une donnée toute nouvelle. Le corps se trouve alors comme un instrument, ses manifestations sont à comprendre dans une approche que l'on pourrait qualifier maintenant de psychosomatique. On distingue trois grandes catégories de névroses : l'hystérie, la névrose obsessionnelle et la névrose phobique.

Freud à la fin des années 1890 met en évidence le mécanisme psychogène de ces affections, un trouble de la sexualité : trouble ou dysfonctionnement actuel dans ce qu'il propose d'appeler une « névrose actuelle » (troubles liés, par exemple, à une abstinence difficilement supportée) ; et psychonévrose (liée au conflit psychique infantile). Dans tous les cas, la défense contre l'angoisse est un mécanisme central. Freud considère la névrose comme une affection moins grave que la psychose, et même comme une modalité de la normalité, puisque nous sommes tous confrontés à la difficulté d'accorder exigences pulsionnelles et réalité sociale.

Hippolyte Bernheim (1840-1919) : de l'hypnose à la suggestion

Le nom d'Hippolyte Bernheim est lié à l'« invention de la psychothérapie ». Psychiatre français Bernheim crée l'École de Nancy, concurrente de l'École de Paris dirigée par Charcot. Pour cet auteur c'est la suggestion qui provoque l'hypnose, et la suggestion verbale suffit au travail thérapeutique. Elle se substitue ainsi aux aspects proprement techniques de l'hypnose, à l'importance donnée à la fixation du regard, par exemple, et à la production du somnambulisme. Pour Bernheim, les effets obtenus sous hypnose peuvent l'être par la suggestion verbale à l'état de veille.

On peut distinguer différents types de suggestions :

- suggérer un mieux-être, une guérison comme dans la pratique de Janet, par hétérosuggestion, ou dans la méthode Coué, inventée par le pharmacien Émile Coué (1887-1926) cette fois par autosuggestion : « *Je suis calme, de plus en plus calme* »... « *chaque jour je vais de mieux en mieux* »... se répète l'adepte de cette méthode, jusqu'à s'en persuader et en produire les effets ;

- suggérer que l'on va trouver un traumatisme originel, sorte de révélation de l'origine du mal, comme le faisait Freud dans la période où il a utilisé ce moyen, avant d'y renoncer pour une autre méthode, l'association libre.

Freud et Breuer

C'est en 1893 que S. Freud et J. Breuer font connaître « une nouvelle méthode d'étude et de traitement des phénomènes hystériques ». Il s'agit d'une technique basée sur l'hypnose et la catharsis inventée par Breuer. Ce dernier est un médecin autrichien renommé, Freud suit ses cours sur les affections rénales, Breuer sympathise et l'aide à s'installer. Ils communiquèrent ensuite au sujet de patientes hystériques, jusqu'à publier ensemble l'ouvrage fondateur *Les Études sur l'hystérie*, présentant la technique, plusieurs cas, et les réflexions et développements proprement freudiens. Mais des désaccords apparurent entre eux, Breuer ne suivant pas les ambitions de Freud, ni la théorie de la séduction développée par ce dernier. En 1896 c'est la rupture.

La théorie de la séduction : un traumatisme initial

Les premiers travaux de ces deux auteurs mirent en évidence le poids des traumatismes refoulés, donc rendus inaccessibles, mais exerçant toujours une action pathogène sur le patient, à l'origine des symptômes observés, notamment chez les hystériques. L'idée première était que les abus sexuels étaient à l'origine de la névrose, selon la théorie de la séduction. Mais, par la suite, Freud considéra plus généralement la sexualité comme source de traumatismes psychiques, de fantasmes, et de réactions de rejet hors de la conscience d'un certain nombre de représentations désagréables ou intolérables. Il considéra alors que la réalité physique du traumatisme n'était pas toujours démontrable et qu'une réalité fantasmatique, psychique, pouvait, de la même façon, produire le rejet hors de la conscience, et donc aussi l'apparition des symptômes. C'est ainsi qu'en 1897 il renonce à cette première théorie de la séduction, ou de la « neurotica », comme il l'appela.

À partir de ce moment le débat à propos du traumatisme, entre réalité matérielle et réalité psychique, n'a jamais fini d'être posé, avec le risque soit de voir suspecter des abus sexuels à toute occasion, soit de confondre fantasme et réalité. Ou bien, à l'opposé, de ne considérer que la réalité psychique et de négliger ainsi des situations véritablement traumatiques. Nous y reviendrons dans la troisième partie de l'ouvrage à propos des critiques faites à la psychanalyse.

Se souvenir, se remémorer

J. Breuer et S. Freud sont à la recherche d'une cause à l'hystérie, un événement dont la patiente a perdu le souvenir, un événement à rechercher dans l'enfance. L'idée est que les symptômes observés : névralgies, anesthésies, contractures, convulsions, paralysies, anorexies, vomissements, troubles de la vue, etc., sont tous en rapport avec cette cause.

L'expérience quotidienne nous a tous amenés à observer de ces relations directes entre une émotion, une représentation et un comportement physique : un dégoût moral donne envie de vomir, par exemple. De même les effets d'une émotion désagréable au cours d'un repas ont souvent des conséquences immédiates sur la digestion, voire même précèdent celle-ci par une sensation de nausée ou des vomissements. Et ces symptômes peuvent eux, demeurer ensuite un certain temps, hors contexte. Ces connexions peuvent donc être directes, facilement observables, comme les précédentes. Elles peuvent dans certains cas être plus complexes, et conjuguer plusieurs traumatismes, ou un traumatisme à répétition.

Ces auteurs ont observé que la condition de la disparition du symptôme est, non seulement de retrouver l'incident, le *trauma* initial, mais encore l'intensité de l'affect qui y fut associé. La représentation seule ne délivre pas du symptôme. Ce souvenir ne suffit pas, il faut se remémorer, retrouver la situation dans son intensité. On pourra, par exemple, se reporter à la vignette clinique « Brigitte et la prise de sang » rapportée dans la rubrique « Actes manqués » (p. 74).

C'est la découverte de l'importance de la mémoire. Ces auteurs écrivent en 1895 : « *C'est de réminiscences surtout que souffre l'hystérique* ». Car il s'agit d'une mémoire indisponible pour le sujet, une mémoire qui lui échappe. Et ce à tel point que le souvenir maintenu ainsi hors de la conscience garde toute l'acuité sensorielle et émotionnelle du premier moment. Il n'est touché ni par l'usure du temps ni par les aménagements dus au travail psychique.

Toute réaction immédiate ayant été entravée, la décharge émotionnelle (pleurs, colère, etc.) n'a pu se faire, ni l'intégration de l'événement dans le cours des idées (verbalisation). Il s'est créé une dissociation entre le Moi conscient et cette partie maintenue à l'écart. Cette forme de seconde conscience a été comparée à l'état hypnoïde dont nous avons tous l'expérience dans le rêve ou plus encore dans le somnambulisme, mais aussi, dans un état particulier de rêverie diurne… tous ces états se distinguant nettement de l'état de veille normal. Ils constituent une sorte de terrain d'accès à cette forme de dissociation. Dans l'accès hystérique, cet état second prend le dessus.

Nous terminerons cet aperçu historique des premières phases de la découverte de la psychanalyse par l'évocation d'un des tout premiers cas, fruit de la collaboration de Breuer et Freud, à l'origine de la création d'une nouvelle méthode de soin : la psychanalyse.

La *Talking Cure* (cure par la parole)

C'est Josef Breuer qui découvrit la *Talking Cure* (cure par la parole) et le « théâtre intérieur » de l'hystérique lors du traitement d'Anna O. Je vous propose de visiter quelque peu en détail la première œuvre commune de ces deux cliniciens, Breuer et Freud, dans laquelle se dessine ce qui sera la démarche psychanalytique. Il s'agit des *Études sur l'hystérie*, ouvrage écrit en 1893. Anna O. est la patiente qui découvre le pouvoir de la parole et nomme sa thérapie *Talking Cure*.

Anna O., un cas exemplaire

Anna a vingt et un ans, c'est une jeune fille intelligente, vive, imaginative et critique à la fois, énergique, persévérante, sociable et compatissante qui, jusque-là n'a présenté aucun trouble, malgré quelques antécédents pathologiques dans sa famille. L'énumération de ces qualités n'est pas sans rapport avec l'exemplarité de ce cas rapporté par Breuer. Anna, en effet, montra un réel intérêt et un grand engagement dans sa cure.

Breuer ajoute à ce tableau qu'elle présentait parfois des sautes d'humeur. Il précise que la dimension sexuelle semblait particulièrement peu présente dans cette observation et ce, jusque dans les rêves. Elle vivait dans une famille puritaine, une vie très monotone. Ceci l'amena à développer un monde de rêveries qu'elle appela son « théâtre intérieur », mais rien dans son comportement quotidien ne pouvait laisser apparaître cette forme d'absence. Anna présentait une bonne adaptation aux situations présentes. Elle consulta pour une toux nerveuse.

C'est dans ce contexte qu'intervint la maladie du père, suivie par son décès une dizaine de mois après. Anna partagea avec sa mère cette période difficile, se dévouant auprès de son père. Elle consacra toute son énergie aux soins infirmiers, au point de s'affaiblir de plus en plus jusqu'à ce que son propre état devienne inquiétant. Ce sont des quintes de toux persistantes qui l'amenèrent à consulter le docteur Breuer. Il s'agissait clairement d'une toux nerveuse. Un strabisme apparut ensuite, son état général continua à s'aggraver, elle dut s'aliter plusieurs mois. Outre les troubles de la vue, elle souffrait de contractures du bras droit et des deux jambes, des douleurs à l'occiput et au cou, d'une anesthésie du coude, etc.

Deux états psychiques distincts se manifestaient en alternance : dans l'un elle se montrait normale, dans l'autre, elle était la proie d'hallucinations (des visions terrifiantes) qui la rendaient agressive. Elle se plaignait alors de ne plus arriver à penser, de devenir aveugle et sourde. Elle observait qu'elle avait comme deux Moi. Un trouble du langage apparut encore, la privant progressivement de la syntaxe jusqu'à ce qu'elle ne puisse plus se faire comprendre et devienne mutique.

C'est alors que le docteur Breuer pensa qu'il pouvait y avoir une relation entre ce mutisme et un secret qui la tourmentait et dont il était au courant. Il la contraignit à en parler, ce qui amena une amélioration (on ignore quel était ce secret). Mais lorsqu'elle se remit à parler ce fut en anglais et non pas en allemand sa langue maternelle...

Le décès de son père entraîna chez elle un état de prostration. Elle en sortit plus calme, mais ne reconnaissait plus ses proches et ne comprenait plus l'allemand. Elle refusait la nourriture et développa une compulsion au suicide. Le docteur Breuer mit alors en place une technique de traitement qui comportait une à deux séances journalières, chaque fois que c'était possible. Il allait au chevet de la patiente utilisant notamment les moments, comme le soir, où elle était dans sa rêverie, une sorte d'autohypnose, pour profiter de cet état pour la faire parler, la « débarrasser » de tous les fantasmes accumulés entre deux visites. Anna donna à cette technique le nom de « ramonage » ou encore celui, devenu célèbre de *Talking Cure*. Ces séances l'apaisaient. Breuer considéra qu'il fallait partir de chacun des symptômes présentés pour progressivement remonter à sa cause, soit une investigation précise, systématique.

Des analyses éclairantes

Nous retracerons quelques-unes de ces analyses afin de donner une idée de ce travail. Le lecteur pourra consulter l'ouvrage pour un développement plus détaillé. Par exemple, il s'avéra, grâce à l'hypnose, que son refus de boire (malgré la canicule) était lié à une scène dans laquelle sa dame de compagnie, qui était d'origine anglaise – d'où l'anglais parlé par Anna – et qu'elle n'aimait pas, avait fait boire son chien dans un verre. Cela l'avait dégoûtée. À partir du moment où cette scène put être reconnectée dans les souvenirs conscients d'Anna, elle fut délivrée de ce rejet jusque-là incompréhensible du verre.

Anna s'améliorait, mais elle avait toujours un sommeil décalé, comme si elle avait gardé le rythme des soins de son père : veille nocturne et rattrapages dans la journée. Elle présenta aussi une surdité psychique, elle aussi, semble-t-il, liée à cette situation particulière et qui l'amena à ne pas entendre quand quelqu'un entre dans la pièce, à ne pas entendre non plus lorsqu'on l'appelait, une surdité par peur du bruit, peur précisément liée à la crise d'étouffement de son père lorsqu'il avala de travers...

Ainsi le docteur Breuer put-il faire un inventaire précis de chacune de ces manifestations et de sa source à partir de cette quête systématique des représentations cachées, mais que cette méthode rendait accessibles.

Revenons à la toux, symptôme pour lequel elle avait consulté. Celle-ci s'expliqua lorsqu'Anna se souvint qu'au chevet de son père elle entendit une musique de danse et eut à ce moment le désir, alors que son père était mourant, de rejoindre la maison voisine où avait lieu une soirée. C'est le remords d'avoir eu ce désir qui la condamna à réagir à toute musique rythmée, par une toux nerveuse.

Un des derniers bastions de ce décryptage fut la paralysie du bras droit. Mais finalement, là encore, Breuer put en retrouver l'origine. Réveillée par l'angoisse Anna trouve son père très fiévreux, son état nécessitant une opération. Assise près du lit de ce dernier, elle a à ce moment le bras droit appuyé sur le dessus de sa chaise. Son état mental bascule alors dans son état second de rêverie et elle a la vision d'un serpent noir qui sort du mur, s'avance pour mordre le malade. Elle veut le faire fuir mais son bras droit est comme paralysé et ses doigts se transforment en petits serpents à tête de mort.

À la suite de l'analyse de cette dernière situation retrouvée grâce à l'état hypnotique et à l'insistance du docteur Breuer, Anna se rétablit totalement. Breuer démontrait ainsi qu'il était possible d'éliminer les symptômes par la parole. De plus, il apparaissait qu'il existait une logique interne à toutes ces manifestations déplacées, bizarres, incompréhensibles. Elles prenaient progressivement sens au regard de l'histoire de la patiente. Il y a donc un sens à retrouver derrière le caractère irrationnel de ces symptômes : qu'une musique de danse fasse systématiquement tousser, quoi de plus apparemment dénué de sens ?

Des conclusions fondatrices

Le cas d'Anna est particulièrement riche en symptomatologie et démonstratif quant à la déconstruction progressive, à la mise à jour des connexions multiples entre chacun des symptômes et les souvenirs, situations traumatiques à l'origine de ce mouvement de dissociation qui garde hors de portée les éléments dérangeants. Dans ce cas particulier, la situation de la maladie du père a alimenté beaucoup de ces symptômes. L'enjeu émotionnel de celle-ci a comme ouvert la voie à cette mise en résonance avec des problèmes plus anciens.

Cette analyse montre qu'il s'agit plus d'une série de traumatismes psychiques partiels et d'associations d'idées pathogènes que de la force d'un traumatisme unique. Freud montrera qu'il y a là comme un archivage en différentes strates qui se dégagent progressivement au cours des séances. La révélation se fait de la périphérie (les éléments les plus superficiels), au noyau central (le plus profondément enfoui). Et la logique de ce dégagement est elle-même surdéterminée, c'est-à-dire qu'il ne s'agit pas seulement d'une sorte de chronologie à l'envers, mais que le sens donné à chacun des éléments concernés crée, par associations, une pluralité de réseaux. La thérapie permet, par ce dégagement progressif, de redonner au malade sa capacité d'agir.

Freud conclura ce premier ouvrage commun en restant modeste quant aux résultats et à l'objectif lui-même, par cette formule : « *il s'agit de transformer la "misère hystérique" en "malheur banal" avec un psychisme sain pour y faire face.* »

Un groupe fatigué

Des somatisations peuvent aussi concerner des groupes. Il s'agit d'un groupe d'étudiants en psychologie, ils sont une douzaine, réunis toutes les semaines pour s'initier à une technique non verbale de leur choix. Les séances ont lieu le mercredi à dix heures. Malgré cette heure tardive il se trouve que, dès les premières rencontres et tout au long de l'année, des retards et des plaintes somatiques sont manifestés (fatigue, maux de tête, mauvaises digestions, etc.). Rien de grave, mais plutôt un phénomène répétitif. L'analyse progressive des processus inconscients à l'œuvre dans ce groupe, fait apparaître le fantasme commun d'un groupe comme un grand corps collectif, malade, à soigner. Ce dernier fut considéré, à la fin de l'année, comme revitalisé !

La découverte de la psychanalyse a eu lieu dans un contexte culturel, social, politique donnant l'impression d'un monde sur le déclin, situation qui poussa à un mouvement de repli, et à la recherche d'une compréhension de ces forces obscures qui animent l'être humain jusqu'à l'amener à des actes de destruction.

Freud ne trouve pas sa satisfaction dans les méthodes thérapeutiques existantes, même l'hypnose. En effet, la question du traumatisme et de ses effets rencontre deux problématiques :

- celle de l'origine de l'hystérie ;
- celle de l'importance respective de la réalité psychique et de la réalité matérielle chez l'être humain.

Chapitre 2

L'invention de la technique psychanalytique

« Dites tout ce qui vous passe par l'esprit. Comportez-vous à la manière d'un voyageur qui, assis près de la fenêtre de son compartiment, décrirait le paysage tel qu'il se déroule à une personne placée derrière lui. Enfin, n'oubliez jamais votre promesse d'être tout à fait franc, n'omettez rien de ce qui, pour une raison quelconque, vous paraît désagréable à dire. »

S. Freud, *De la technique psychanalytique.*

Nous allons suivre les évolutions progressives de la technique jusqu'à sa forme définitive, celle universellement connue depuis, le divan. Cette évolution passe par plusieurs auteurs, cliniciens de l'époque freudienne. Freud se saisira tout d'abord de la technique utilisée par Breuer, la *Talking Cure* que nous venons de voir à l'œuvre dans le traitement d'Anna O., pour ses propres patients. Il soulignera toutefois les difficultés qu'elle présente :

- les malades ne sont pas tous hypnotisables ;
- seuls les symptômes d'origine hystérique seraient abordables de cette façon ;
- cette technique d'investigation systématique prend beaucoup de temps ;
- elle est très exigeante pour le patient (niveau de compréhension, engagement personnel, confiance, collaboration) ;

- pour le thérapeute, elle ne peut être réalisée que si celui-ci porte un réel intérêt au malade, sinon ce serait vite insupportable. Freud insiste dès ces premières cures sur l'importance de ce qui se joue dans cette relation.

Freud cherchera à modifier la technique, à se l'approprier en quelque sorte. En raison des difficultés énumérées ci-dessus, Freud s'efforce progressivement de trouver un substitut à l'hypnose. Mais comment obtenir d'une autre façon ce retour d'éléments qui échappent à la mémoire consciente ?

La résistance des patients

Après s'être préoccupé des patients qui résistent à l'hypnose Freud comprend qu'il s'agit peut-être là d'une forme de résistance au travail psychique demandé : il y a ceux qui acceptent l'hypnose mais résistent au retour de certaines représentations particulièrement dérangeantes, il y a ceux qui résistent à toute émergence de ces représentations, et donc à la technique elle-même. Il observe même que la force de la résistance pourrait être significative de la force qui a été à l'origine de la disparition du souvenir de la conscience. Ces deux forces seraient comme proportionnelles. On aurait alors affaire à une réaction de défense contre ces représentations intolérables pour le moi (souffrance morale, honte, remords). La tâche du thérapeute serait de vaincre cette résistance, et insister jusqu'à faire apparaître la série des représentations pathogènes. Ainsi, il libérerait le patient. On devrait pouvoir y arriver sans le recours à l'hypnose, mais avec l'aide du patient.

Le cas d'Anna a bien montré qu'il y a rarement un seul événement, mais une suite de représentations associées les unes aux autres. Il faudra donc refaire le parcours de cette sorte de montage progressif et on pourra, à chaque étape, être confronté à des résistances. Celles-ci deviendront même des sortes de balises qui indiqueraient le chemin.

On a maintenant l'habitude, par exemple, dans la vie quotidienne, de remarquer la personne qui refuse avec vigueur une interprétation qui semble pourtant évidente, naturelle, à son entourage. On comprend alors que la force mise à contrer cette représentation témoigne de la résistance du sujet (on a l'impression d'avoir touché juste), elle est comme un indice de la pertinence de l'interprétation. Par exemple, s'agissant d'un retard à un rendez-vous important, ou à un examen, on pourra le considérer comme un acte manqué, c'est-à-dire l'expression d'une contre-volonté, celle d'un refus ou d'un évitement. Si le sujet s'en défend fortement, ceci ne fera généralement que renforcer l'impression que l'on a visé juste !

La place de la catharsis dans la thérapie

De la phase des attitudes passionnelles de l'hypnose à la décharge verbale, quelle place réserver à la catharsis dans la thérapie ? Ce phénomène concerne non seulement la psychanalyse mais toutes les psychothérapies. À l'époque de Freud cette donnée a fait l'objet de nombreux travaux et ce, en particulier, par le philosophe Josef Bernays qui faisait partie de la belle-famille de Freud. C'est observer encore l'importance ici du contexte.

■ **Catharsis : du théâtre à la psychothérapie**

Catharsis est un mot d'origine grecque. C'est Aristote qui l'a utilisé pour désigner un effet thérapeutique constaté au théâtre, notamment dans les tragédies : une forme de soulagement par élimination, décharge des passions, des affects, lorsque les spectateurs s'identifient aux acteurs, revivent des émotions associées à des situations personnelles. Breuer et Freud se sont intéressés à ce phénomène. L'idée étant de provoquer ce phénomène dans les séances de thérapie, d'abord par l'hypnose, puis par la suggestion. Plus tard Moreno créera le psychodrame, c'est-à-dire cette fois une technique de psychothérapie qui s'appuie précisément sur l'expérience théâtrale et suscite directement ce phénomène de catharsis. Depuis, d'autres psychothérapies, comme les thérapies corporelles, la bioénergie et surtout le cri primal (Janov), ont donné une place importante à la catharsis.

Les affects qui n'ont pu s'exprimer ou être déchargés au moment de la situation traumatique, restent comme des enclaves qui perturbent le fonctionnement psychique, et sont à l'origine de symptômes somatiques ou psychiques. Il convient alors de favoriser cette décharge par un dispositif thérapeutique. L'hypnose est, de ce point de vue, un dispositif efficace mais lourd, quasi « chirurgical ».

C'est Breuer qui inventa la *cure cathartique* comme traitement des pathologies mentales. Mais il faut signaler qu'à la même période Pierre Janet, en France, avait aussi inventé une méthode très proche, il parlait lui de « désinfection morale ». Dans les deux cas, l'hypnose était utilisée pour accéder aux représentations pathogènes inconscientes, afin de provoquer la décharge émotionnelle correspondante libérant l'affect lié à la représentation traumatique, au souvenir, affect resté enclavé et devenu pathogène. C'est ce que l'on a appelé *l'abréaction*.

Janet, lui, utilisait la suggestion mais ne recherchait pas de traumatisme originaire. La suggestion portait plus directement sur la guérison du symptôme que sur l'exploration du matériel inconscient sous-jacent.

Lors du traumatisme la personne tente de réagir à la situation, de s'adapter, de raisonner, et de réprimer son émotion pour ne pas être débordée par elle. Cette émotion, cet affect non exprimés resteront alors attachés à la représentation et refoulés. Ce qui est alors pathogène n'est plus la situation – passée – mais le souvenir enclavé de celle-ci. La thérapie permet d'y avoir accès et de rétablir la circulation des représentations et des émotions. Pour cela il ne suffit pas de retrouver la représentation, il faut que l'ensemble puisse être réactualisé, avec l'intensité d'origine. Breuer et Freud donneront progressivement une importance plus grande à la parole, au fait de pouvoir mettre en mots ce vécu traumatique. C'est cette évolution qui amènera à la technique psychanalytique.

Dans tous les cas, la répétition, la remémoration jouent un rôle essentiel à la thérapie. Et, même dans la psychanalyse qui privilégie la parole, la verbalisation, à l'agir, la part de l'abréaction, de la décharge émotionnelle, reste très importante. L'homme a cette capacité de trouver dans le langage un équivalent de la mise en acte.

Pierre Janet, l'analyse psychologique

L'automatisme psychologique

Ce médecin psychiatre et psychologue français (1859-1947) fut, au début du XXe siècle, plus renommé et célèbre que Freud. De famille bourgeoise, il fut influencé par son oncle Paul Janet, philosophe, et par son frère Jules Janet, urologue passionné de psychologie. C'est ainsi qu'il s'intéressa au somnambulisme, aux personnalités multiples. Il fut en contact avec les phénomènes de magnétisme et d'hypnose. Il soutint sa thèse de philosophie sur l'automatisme psychologique, nouveau concept qu'il proposait pour rendre compte d'une part irrationnelle, mécanique du fonctionnement psychique (s'inspirant des expériences d'écriture automatique).

L'étude des maladies nerveuses

Il entreprit ensuite des études médicales et soutint sa thèse de médecine sur « L'état mental des hystériques (stigmates et accidents mentaux) » en 1893. C'est à la même période que Freud publiait avec Breuer les *Études sur l'hystérie*. Sa renommée grandissant, sa théorie s'imposait. Il était devenu le grand spécialiste des maladies nerveuses. Il élabora aussi une méthode de psychothérapie qu'il appela l'analyse psychologique. Il s'agissait d'un examen clinique rigoureux du patient ; cette analyse, à la différence de Freud, ne prenait pas en compte l'inconscient. Janet préférait d'ailleurs le terme de « subconscient », moins romantique et plus cartésien, à celui d'inconscient.

Le courant antifreudien

Pour Janet, l'hystérie était une maladie psychologique témoignant d'un rétrécissement du champ de conscience, d'une faiblesse psychologique. Janet combattit les travaux de Freud, développant un courant antifreudien, en dénonçant la part excessive accordée à la sexualité, les emprunts à sa propre théorie, etc. Plus tard lorsque Janet souhaita rencontrer Freud, celui-ci refusa de le recevoir !

Parmi ses nombreux écrits : aux Éditions de la Société Pierre-Janet, *L'automatisme psychologique*, 1889 ; *La médecine psychologique*, 1923 ; et aux Éditions Alcan, *De l'angoisse à l'extase, Études sur les croyances et les sentiments*, 1926.

La première méthode freudienne : l'introduction du divan

La façon technique, pour Freud, d'insister pour surmonter les résistances tout en évitant l'hypnose, sera de faire allonger le patient, de lui demander de fermer les yeux pour mieux se concentrer sur ce travail psychique. Allonger le patient, c'est mettre le corps au repos, affaiblir les réactions de contrôle, de maîtrise, inviter à une certaine régression, se rapprocher d'un état de rêverie. Freud ajoute un contact physique avec le patient : une pression de la main sur le front. Au moment de cette pression il est demandé au patient de dire tout ce qui lui vient à l'esprit, image, parole, souvenir etc., sans aucune réserve ou critique (le patient va chercher à se dire que ça n'a pas d'intérêt, c'est ridicule, ça ne veut rien dire, c'est inconvenant, etc.) Il s'agit de tenter de rétablir pour un instant, par ce subterfuge, la chaîne des associations dont le cours a été perturbé par les ruptures occasionnées par les mises hors du conscient d'un certain nombre d'éléments. Freud insiste : la main sur le front du patient n'a aucun pouvoir particulier, simplement c'est une façon de faire pression sur le patient, de tenter de venir à bout de ses résistances. D'ailleurs le fait même de « ne rien avoir à dire », par exemple, est la manifestation d'une défense réussie, d'une porte bien gardée (jusqu'à tenter de décourager le thérapeute...). De la même façon Freud observe que la narration spontanée que le patient fait de son histoire, de ses problèmes, se présente comme « un mur bouchant toute perspective » (c'est une construction rationnelle). C'est dans les failles, les décalages, les lapsus, comme dans les mimiques, dans les gestes involontaires, etc., que se trouvent les points d'accès à ce qui se trouve derrière le mur. Non que le patient veuille délibérément cacher certains éléments mais, comme nous l'avons vu, parce que ceux-ci lui échappent désormais totalement. Pour Freud, l'attitude du patient sur le divan est un précieux indicateur du travail psychique en cours : est-il paisible, détendu, crispé, contracté, agité (en pleine lutte interne) ? De cette observation le thérapeute peut savoir s'il peut insister encore ou pas.

L'artiste

C'est un artiste, chanteur lyrique, au cours d'un repas entre amis. En parlant d'une personne de son entourage, il fait un lapsus : il dit « elle applaudit » mais se reprend tout de suite pour rectifier « elle souffrit »... (Erreur difficile à comprendre sur le moment.) Son entourage sourit à ce lapsus, mais lui n'y prête pas attention tout concentré qu'il est sur son récit. On remarque ainsi qu'il évite d'en sourire lui-même. Mais rien de tout cela n'est dit, chacun participe à sa façon à cette situation de groupe. Quelle pensée inconsciente s'est subrepticement glissée dans son discours ? Ce mot est en effet tombé « comme un cheveu sur la soupe » et l'artiste a rapidement corrigé son erreur. Cet « applaudissement », s'agissant d'un artiste, trahit le narcissisme du chanteur, dans sa relation au public, le désir (bien naturel dans ce métier) d'être applaudi. Un peu plus tard dans la soirée, le plat principal se faisant attendre, notre artiste se proposa généreusement pour chanter quelques airs. Ce qui fut très apprécié, il fut chaleureusement applaudi ! Ce qui avait été perçu dans le lapsus (le désir d'être applaudi) avait donc fait son chemin chez l'artiste et dans le groupe jusqu'à ce que le chanteur fasse une proposition claire et que le groupe se prête au rôle de public complice.

La technique psychanalytique est le résultat d'une construction progressive à partir des techniques psychothérapiques existantes, jusqu'au renoncement à l'hypnose et à la suggestion active. La cure psychanalytique se fait à partir d'un dispositif original : l'analysant étendu sur un divan, le psychanalyste assis en retrait, et en arrière (sans face-à-face). La tâche consiste à laisser venir les idées, images, souvenirs, affects, sous la forme d'association libre. L'analyse porte essentiellement sur la relation transférentielle ainsi créée entre l'analysant et le psychanalyste.

Le symptôme aura aussi « son mot à dire » au cours du traitement, il réapparaît à certains moments ou s'intensifie, signifiant que l'on touche là au plus près du souvenir pathogène. Un peu comme un jeu de piste ! Ceci veut dire que ces manifestations ne doivent pas décourager, et surtout, inversement, que l'absence momentanée d'un symptôme ne doit pas précipiter l'arrêt sur un succès partiel. Avec cette première approche clinique à partir de la « méthode cathartique », Freud rencontre un concept nouveau, fondamental pour la psychanalyse : le transfert.

Le transfert

Cette notion devenue maintenant si courante, fait ici son apparition comme une sorte de « faux rapport » : le patient reconnecte l'émotion ancienne à un élément de la situation présente – le thérapeute – plutôt qu'à ce qui était à l'origine – le père, la mère, ou tout autre personnage ayant eu une valeur affective pour l'enfant. Le thérapeute devra l'aider à prendre conscience de ce décalage pour permettre de rétablir les liens originaires. Il devient ainsi par sa personne même comme un outil de travail, une médiation.

Parler de méthode cathartique à propos de la technique de la *Talking Cure*, c'est souligner l'apport de J. Breuer pour lequel il s'agit de débarrasser le patient de ces représentations pathogènes par l'expression et la reviviscence (représentation associée à l'intensité émotionnelle qui lui est restée liée) du souvenir en séance.

Mais Freud abandonnera ce reste de l'hypnose qui est la main posée sur le front, cette pression faite sur le patient, et ce contact pour concentrer son attention. On voit que la résistance du patient n'est plus considérée comme l'ennemie du thérapeute, mais plutôt comme un outil du travail thérapeutique. La relation thérapeute/patient prend de plus en plus d'importance.

La deuxième méthode freudienne : la psycho-analyse

Après Breuer, Freud s'inspira à la fois de Charcot et de Bernheim. Ses essais d'hypnose comme ceux de suggestion verbale le laisseront insatisfait, il n'est pas très efficace par ces techniques. La prestance et l'autorité du thérapeute sont essentielles dans l'hypnose comme dans la technique de la suggestion, cette position ne lui convient pas vraiment. Aussi est-il amené à personnifier son approche : le patient est allongé sur le divan, l'analyste se trouve assis derrière lui (hors de la vue du patient), le patient n'a plus à fermer les yeux. Le face-à-face si essentiel pour l'hypnose est désormais non seulement abandonné en tant que technique, mais encore soigneusement évité par ce dispositif. Freud propose un dégagement de l'emprise du regard, pour le patient comme pour le thérapeute, afin d'assurer cette liberté du dire, sans vis-à-vis. C'est une façon de se dégager d'une situation sociale, avec ses conventions, la rencontre en face-à-face, pour créer un dispositif inédit qui renforce le processus régressif, la centration sur son propre fonctionnement psychique. À la suggestion il préfère la méthode des associations libres et de l'analyse de la résistance. À la suite de Bernheim ce traitement est basé sur la relation entre le thérapeute et le patient. Freud travaille désormais sur le transfert.

Voici les principales composantes de ce dispositif enfin abouti, celui de la cure psychanalytique. Ce travail psychique à deux est mis en place à partir de quelques règles qui ont été progressivement précisées : des règles qui concernent le psychanalyste, des règles qui concernent les deux protagonistes, des règles qui concernent le client appelé ici « analysant ».

Des règles du côté du psychanalyste

L'attitude bienveillante

Le psychanalyste se doit d'accueillir le patient sans jugement, avec bienveillance, se montrer disponible, et prêt à recevoir ce que le patient aura à exprimer, même si cela peut lui être désagréable ou contraire à ses propres convictions, par exemple. Il doit garder une certaine neutralité.

L'attention flottante

C'est une écoute non sélective, accueillante pour tout ce qu'exprime le patient quel qu'en soit l'intérêt apparent. Le psychanalyste évite de se laisser capter par une idée, un récit, pour rester à l'écoute de la situation dans sa globalité. Cette qualité d'écoute est une ouverture aux contenus inconscients qui entrent ainsi en résonance chez l'analyste. Car cette attention s'applique aussi à ce qui se passe dans sa propre tête, voire dans son corps (diversion, ennui, intérêt, passion, tension, qualité du processus associatif…).

L'abstinence

Le psychanalyste évite tout autre contact avec l'analysant que celui des séances, afin de maintenir et faciliter le travail proprement psychanalytique, et de pouvoir utiliser l'analyse du transfert comme principal outil. Il est évident que si d'autres contacts sont développés dans la vie professionnelle ou dans la vie quotidienne, le dispositif de l'analyse – créé pour faciliter les projections à l'abri du face-à-face, des contraintes et conventions sociales – n'est plus assuré.

■ La théorie associationniste

Elle est née des travaux de John Locke (1632-1704) puis de David Hume (1711-1776) qui considéraient que la vie mentale est faite d'une suite de faits élémentaires (comme les sensations, les représentations) qui se trouvent associés les uns aux autres selon certaines règles comme, par exemple, les associations par consonance (ressemblances sonores), par contraste ou encore par contiguïté (proximité physique). En Allemagne, où cette théorie eut beaucoup de succès, W. Wundt fut un de ses éminents représentants. Le reproche essentiel fait à cette théorie c'est qu'elle tend à réduire toute l'activité mentale à une sorte de mécanique. Toutefois les recherches sur les processus d'apprentissage, de conditionnement s'en inspireront fortement. À la suite de Lipps, Freud montrera qu'il ne s'agit pas là d'un fonctionnement mécanique, de surface, mais de processus complexes animés par le désir inconscient et les conflits psychiques. L'objectif est alors non seulement de mettre en évidence les processus qui régissent les associations d'idées, mais d'en interpréter le sens.

■ Des règles du côté de l'analysant et du psychanalyste

La règle de libre association

Bleuler a introduit le test des associations verbales inventé par Galton dans la pratique thérapeutique. Jung l'a développé. Il s'agissait de prononcer successivement une liste de mots présélectionnés, en demandant au patient de réagir immédiatement, spontanément, par le premier mot qui lui vient à l'esprit.

Avec Freud il n'est plus question de test mais d'un processus psychique qui libère le sujet des contraintes de la langue, et des règles sociales, pour laisser libre cours à ce qui surgit spontanément, comme c'est le cas de ce qui nous vient en tête sans que nous y pensions, tout au long de la journée. La règle est donc très simple et apparemment facile à appliquer. Il est demandé de « dire tout ce qui vient à l'esprit, spontanément, sans aucune retenue ». C'est bien sûr ce dernier terme « retenue » qui pose problème, c'est que nous sommes habitués à contrôler soigneusement ce que nous disons à nos interlocuteurs, respectant les règles sociales, tenant compte des précédents et du type de relation établie, des enjeux, des stratégies, etc. En un mot nous filtrons de façon souvent très efficace ce qui nous vient à l'esprit pour ne laisser entendre que ce qui nous paraît être audible et utile dans notre relation à l'interlocuteur. Et c'est encore ce que nous faisons, spontanément, dans le cabinet du psychanalyste.

C'est pourquoi Freud va s'intéresser précisément à ces résistances à tout dire, elles témoignent de ce que nous attendons de l'autre, de ce que nous projetons sur sa personne, de ce qu'elle représente pour nous... tout élément qui renseigne donc sur le transfert.

Considérant que notre esprit est constamment en activité, de nuit et de jour, qu'il produit des images, des mots, des pensées, des sentiments, etc., « associer librement » devrait permettre une mise en contact avec cette activité psychique. Les associations pourraient donc ne jamais s'arrêter. Mais alors, pourquoi sommes-nous parfois « sans aucune idée », comme devant un vide ? Ce sont désormais les obstacles rencontrés à cette liberté d'expression qui seront l'objet de toute l'attention de l'analyste (arrêts, blocages, détours, remplissages, précipitations, reprises, jugements, etc.). Et cela, même si, dans l'absolu, cette tâche de l'association libre est pratiquement irréalisable !

La libre association concerne également le psychanalyste qui s'y est formé par sa propre cure psychanalytique, qui doit tout aussi bien laisser venir pour lui-même, pendant les séances, ses propres associations, devenues un véritable outil de travail.

La règle de restitution

Il est demandé à l'analysant de rapporter dans la séance tout ce qui concerne celle-ci. C'est-à-dire tout ce qui, entre deux séances, se rapporte au travail psychanalytique, comme, par exemple, les échanges avec des proches sur la psychanalyse, ou le fait d'avoir consulté un psychiatre ou un psychologue, d'avoir fait un stage de relaxation ou de tout autre technique, etc.

Ces différentes règles, associées à la régularité des séances (horaire, périodicité) constituent le cadre de la séance d'analyse. Elles visent à favoriser la concentration du travail psychique dans les séances, au niveau des aspects les moins contrôlés, les moins conscients, à partir de la relation très particulière ainsi créée entre le psychanalyste et l'analysant.

Le transfert, compulsion de répétition, projection

Transfert ou projection ?

Dans la notion de transfert nous retenons qu'il s'agit d'un déplacement. Dans la situation relationnelle nous considérons un déplacement de l'affect qui se porte sur l'interlocuteur présent alors qu'il appartient à une relation de l'histoire infantile du sujet. C'est un peu ce qui se passe lorsque nous nous laissons impressionner par le patron dont l'autorité nous renvoie à la figure paternelle, par exemple. Dans ce cas nous avons aussi l'habitude de parler de projection.

Nous tenterons maintenant de mieux définir ces notions. Elles comportent au moins deux composantes. L'une concerne la reprise, la répétition d'une situation ancienne (déplacement dans le temps). L'autre le fait de situer à l'extérieur quelque chose qui appartient à notre expérience subjective (déplacement dans l'espace) : c'est ce qui se passe dans l'exemple précédent, lorsque l'on projette sur le patron ce qui concerne l'image intérieure que nous avons du père.

Dans la projection, le sujet rejette ou méconnaît des éléments qui lui appartiennent en propre, pour les localiser à l'extérieur de lui, dans une personne, un objet, une situation (sentiment, désir, qualité, etc.). Il s'agit d'un mode de défense assez courant mais qui prend une place centrale dans certaines pathologies comme la paranoïa.

De façon plus générale, la psychologie a observé la manière dont toute perception est marquée par la subjectivité de celui qui perçoit. C'est ainsi qu'on utilise des techniques projectives pour l'étude de la personnalité (dessins libres, Rorschach, etc.).

Par exemple le raciste attribue au groupe des étrangers qu'il déteste ses propres défauts, penchants qu'il ne peut reconnaître comme lui appartenant. La violence qui l'habite devient alors comme justifiée par cette extériorisation objectivante. Chez le paranoïaque ce processus psychique est totalement envahissant : il entend, observe, ses propres pensées comme proférées par les personnes de son entourage devenues ses persécuteurs. Placer à l'extérieur ce que nous ne pouvons supporter à l'intérieur est une façon de tenter de le maîtriser *(« Ce n'est pas moi, c'est l'autre... »*, ou encore *« Ce n'est pas psychique c'est corporel... »)*. Ainsi, par exemple, une forte tension psychique peut être projetée sur le corps, sur un organe et, de cette façon, soulager une partie de l'angoisse.

Dans le transfert ce mécanisme est à l'œuvre comme par exemple lorsque, projetant sur le psychanalyste son propre Surmoi, le sujet se trouve dégagé des contraintes qu'il s'imposait (puisque c'est un autre qui joue ce rôle désormais, le psychanalyste sera, à ce moment, perçu comme très exigeant, contraignant, à l'image des parents de l'analysant, par exemple). On retrouvera un peu plus loin dans le cas Schreber, analysé par Freud, le versant le plus pathologique de ce processus psychique.

La compulsion de répétition

Nous avons vu qu'une autre composante du processus transférentiel était la répétition. Freud a même parlé de « compulsion de répétition » tant cette tendance peut prendre une forme quasi automatique dans certaines situations. Car il s'agit d'un processus inconscient qui pousse le sujet à se placer dans des situations pénibles. Il n'a alors aucune conscience de répéter une situation ancienne. Au contraire, il est convaincu de l'actualité voire de la nouveauté de ce qu'il vit. Pour un observateur extérieur, un ami, cet aspect répétitif ne peut passer inaperçu ni manquer de faire que l'on s'interroge sur l'origine de ce mécanisme répétitif lui-même. On a l'habitude de parler de masochisme lorsque l'on voit quelqu'un échouer régulièrement dans ses entreprises (examens, couple, travail, etc.).

Mais la répétition n'est pas pathologique, c'est même un processus fondamental du fonctionnement psychique, qui se trouve lié au principe de conservation. Dans la théorie freudienne du conflit psychique, les éléments refoulés sont maintenus comme tels par une énergie psychique toujours renouvelée, car le refoulé tente de se manifester à nouveau. Lorsque les mécanismes de défense sont affaiblis, il fait retour dans le présent.

Plus précisément encore, dans la névrose dite traumatique, on observe une répétition de la situation traumatique, de ses évocations douloureuses, notamment par des rêves répétitifs. La répétition, bien que douloureuse, est encore une tentative de maîtriser psychiquement le trauma, de tenter une élaboration psychique progressive, et une atténuation de l'effet, de répétition en répétition.

Sur le versant cette fois plus agréable, le principe de plaisir cherche à retrouver les expériences de satisfaction. Le dispositif de la séance de psychanalyse favorise la répétition de situations relationnelles anciennes, infantiles, dans la relation avec l'analyste. Cette actualisation permet de remettre en travail ce matériel psychique, de le réélaborer dans une nouvelle relation, de s'en ressaisir par la prise de conscience, de libérer l'énergie dépensée dans ces mécanismes coûteux.

C'est d'ailleurs de cette façon qu'on définit le transfert : une répétition, une actualisation d'une situation ancienne dans la relation avec l'analyste. Ce mouvement est inconscient, automatique. C'est, dans les séances de psychanalyse, le terrain du travail psychique mis en place dès les premiers contacts et actif tout au long des séances.

Le rôle de la séance psychanalytique

Le dispositif de la séance de psychanalyse favorise l'actualisation de la problématique du sujet sous la forme du transfert : le fait de ne pas voir l'analyste en face-à-face (ce qui n'est pas le cas en psychothérapie), la neutralité relative de celui-ci et sa discrétion dans ses interventions offrent un champ libre à la projection et la répétition. Le transfert se manifeste au niveau des attitudes, comportements, paroles, rêves, actes manqués, etc.

Si l'association libre donne une place importante à la remémoration, le contenu de celle-ci et les modalités relationnelles par lesquelles elle se manifeste sont précisément liés à la répétition, à la qualité du transfert. Le sujet fait inconsciemment jouer au thérapeute les rôles des principales figures qui ont marqué son histoire, avec la force des affects mais aussi l'ambivalence qui leur est liée (tendresse, hostilité...). On peut parler de transfert positif ou négatif, selon la face de l'attachement affectif mise en avant. Dans les deux cas le mouvement transférentiel par lui-même témoigne de l'importance prise par cette relation pour le sujet.

Le transfert, en tant que processus psychique peut bien sûr se manifester de façon plus ou moins forte dans d'autres situations relationnelles que la séance de psychanalyse. Il joue un rôle important dans les relations de soin, d'apprentissage, de *coaching*, et plus généralement dans toute situation d'aide, soit toute situation dans laquelle le sujet se trouve en demande de quelque chose d'important pour lui. Dans tous ces cas un transfert positif facilite les processus engagés. En revanche, il pourra poser problème au moment de se séparer dans la mesure où le sujet n'a pas pris conscience de ce qui se jouait profondément pour lui.

■ **Transfert et inconscient**

La manifestation du transfert est un signe de la proximité des émergences de l'inconscient. La séance de psychanalyse propose un lieu où les souffrances, les conflits psychiques peuvent ainsi se manifester, s'actualiser dans la communication et faire l'objet d'un travail de prise de conscience et d'élaboration, c'est-à-dire que ces éléments psychiques qui se répètent trouveront à être intégrés d'une autre façon.

Dans la vie quotidienne ce mouvement transférentiel se retrouve dans toutes les relations, chacun des protagonistes étant pris, à son insu, dans cette dynamique. Ainsi, par exemple, dans une rencontre amicale, ou amoureuse, chacun projette et transfère sur l'autre des éléments de son passé, des figures marquantes. La spécificité de la cure psychanalytique à ce niveau est d'offrir la possibilité de mettre en évidence ce processus, de se réapproprier ce qui appartient à chacun, de se dégager du caractère automatique de la répétition évoquée précédemment. Le psychanalyste, par son propre traitement préalable, a été exercé à reconnaître ce mouvement en lui. Il est ainsi capable de ne pas se laisser prendre aux projections de l'analysant, de ne pas y répondre, et d'offrir une possibilité de distanciation et de prise de conscience.

Le psychanalyste cherche ainsi à repérer ce qu'il représente, incarne pour son client et ce afin de ne pas être « pris au jeu » et d'offrir cet espace, ce décalage indispensable pour amener une prise de conscience, un dégagement nécessaire à toute avancée. Mais l'analyste fait plus, il a aussi à analyser ses propres réactions, sentiments, dans le cadre de cette relation, c'est ce qu'on appelle le contre-transfert. Il repère ce que son client suscite, mobilise en lui-même.

Dora, l'hystérie

Il s'agit de la première véritable cure psychanalytique, utilisant la libre association et l'analyse des rêves. Freud doit faire ses preuves et déjà répondre aux détracteurs de sa théorie sur la sexualité. Il estime pourtant que l'on doit pouvoir parler en clair de sexualité, même avec les femmes, et s'en justifie.

Dora est âgée de 18 ans quand débute son traitement. Elle est la seconde fille d'une famille bourgeoise. Le père, grand industriel, souffre de syphilis et de tuberculose. Au sanatorium il rencontre une Italienne qui devient sa maîtresse. La mère de Dora, peu instruite, s'intéresse peu à sa famille. Toute son énergie passe à l'entretien de la maison. Heureusement la gouvernante est plus ouverte, notamment sur la question de la sexualité. (Elle fait lire à Dora un ouvrage sur le sujet, lecture dont elle l'accusera d'ailleurs par la suite !)

La cure de Dora réalisée en 1901 dura moins de trois mois. Elle souffrait de troubles nerveux : migraines, aphonies, dépression, tendances suicidaires, etc. Courtisée par le rival de son père (le mari de la maîtresse), elle s'indigna, le gifla, mais fut accusée d'affabulation afin de protéger les principaux intéressés. Le père espérait que Freud soutiendrait cette version des faits. Ce qui ne fut pas le cas. Freud fit l'hypothèse d'un lien d'homosexualité latente avec la gouvernante. Au terme de ses séances, Dora put faire reconnaître la vérité aux intéressés. Elle se maria et eut un fils qui fit une carrière de musicien. Elle eut encore des troubles fonctionnels, mais en prit son parti, trop peut-être, puisqu'elle soigna trop tard un cancer du colon dont elle mourut.

L'évolution de la pratique freudienne

	Hypnose (suggestion)	**Suggestion verbale**	**1re technique**	**2e technique La psychanalyse**
Dispositif	Face-à-face Fixer l'attention Ordonner l'état somnambulique	Face-à-face (en général)	Patient allongé Yeux fermés	Patient allongé Yeux ouverts Thérapeute en arrière (dégagement de l'emprise réciproque)
Relation thérapeute-patient	Prestige-pouvoir Réduction du champ de conscience Dépendance	Relation plus assouplie Dépendance	Pression sur le front du patient (concentration) Associations libres	La technique des associations libres est seule appliquée
Objectifs	Lever les résistances Retrouver le traumatisme supposé à l'origine de la pathologie	Lever les résistances Retrouver le traumatisme supposé à l'origine de la pathologie	Lever les résistances Retrouver le traumatisme supposé à l'origine de la pathologie	Non plus supprimer les résistances, mais travailler avec. L'hypothèse du trauma initial n'est plus centrale

Partie II

Théorie

Freud tient à distinguer clairement la théorie de l'inconscient qu'il construit, de la psychologie courante, fondée, elle, sur la perception et la conscience. Il choisit ainsi de nommer cette nouvelle théorie la « métapsychologie ». Celle-ci intègre les différents niveaux et qualités de conscience (conscient, préconscient, inconscient) observables par la technique psychanalytique. Elle constitue une modélisation du fonctionnement psychique. Freud gardera une relation dynamique avec sa théorie, remettant au travail des données précédemment admises, revenant, par exemple, sur sa théorie des pulsions, ou encore complétant son premier modèle par un second, montrant ainsi la dépendance qu'il conçoit de la théorie à la pratique clinique. De ce fait le modèle, transitoire, n'est jamais proposé comme système. C'est peut-être ce que certains psychanalystes ont, depuis, oublié.

Nous nous intéresserons à la question du rêve, des actes manqués, du mot d'esprit, avant de développer plus précisément les principaux concepts créés ou revisités par Freud, pour la construction de la métapsychologie. Le fil directeur de cette réflexion est l'intérêt et l'importance donnés à la réalité psychique de tout individu (sa vie intérieure, ses pensées secrètes, ses rêves, ses fantasmes, son imaginaire). La psychanalyse assume le défi de faire de la subjectivité elle-même un objet scientifique.

Chapitre 3

Le rêve, voie royale vers l'inconscient

> *« Le rêve est une porte étroite, dissimulée dans ce que l'âme a de plus intime ; elle s'ouvre sur cette nuit originelle qui préformait l'âme bien avant l'existence de la conscience du moi et qui la perpétuera bien au-delà de ce qu'une conscience individuelle aura jamais atteint. »*
>
> C. G. Jung, *Ma vie.*

Parallèlement aux pathologies qu'il tente de traiter, Freud s'intéresse aux phénomènes courants que sont le rêve, le mot d'esprit, les actes manqués. Il démontre – par les analyses qu'il en fait – que sa théorie ne s'applique pas seulement aux cas pathologiques mais aussi au fonctionnement psychique normal. Il démontre aussi par ces études que l'emprise de l'inconscient est toujours active et que nous y sommes tous soumis. Freud nourrissait d'ailleurs l'espoir, avec Jung, d'expliquer par sa théorie jusqu'aux phénomènes occultes. Rêve qu'il ne pourra réaliser.

Freud fait ses principales découvertes dans cette recherche sur les rêves, sur les siens en particulier, activité qui sera la base de son auto-analyse. « *Le rêve est la voie royale d'accès à l'inconscient* », écrit-il. L'interprétation des rêves est un domaine d'intérêt contemporain de Freud, et un sujet très controversé. Il y consacrera lui-même deux ouvrages en 1900 et 1901. Contre les partisans de la théorie qui tient le rêve pour l'effet de la désagrégation du fonctionnement psychique pendant le sommeil,

Freud soutient, au contraire, une activité psychique continue, et ce, particulièrement au niveau inconscient. Freud emprunte une métaphore musicale à Strümpell, partisan de la désagrégation : pour cet auteur le rêve n'est qu'incohérence et fruit du hasard, à la manière d'un chat qui se promènerait sur un piano... le résultat ne serait certainement pas une musique, mais du bruit.

Pour Freud au contraire il s'agit d'un matériel codé, comme une partition, il faut un interprète pour en redonner la musique. Malgré son aspect bizarre, souvent illogique, voire saugrenu, et son apparence trompeuse, le rêve est le fruit d'un travail psychique, véritable compromis entre les instances psychiques, le Moi, le Surmoi, le Ça (que nous traiterons plus loin). Pour le déchiffrer il faut donc, nécessairement, passer par le rêveur.

■ Le rêve, fait psychique

Il n'y a pas, pour Freud, de symbolisme universel, pas de clé des songes, pas de lexique du rêve. Freud veut justement dégager le rêve de ses interprétations traditionnelles, populaires, pour en faire un objet de science. La science des rêves considère le rêve comme un fait psychique à part entière, fruit d'une activité psychique, de processus qu'il faut pouvoir analyser. C'est ce qu'il tente de faire déjà à partir de ses propres rêves.

Le rêve est accomplissement de désir, les rêves de jeunes enfants en sont la démonstration, le désir s'y exprime directement. Pour exemple, Freud cite un rêve d'enfant : La petite Anna âgée d'un an et demi avait été malade le matin et mise à la diète pour le reste de la journée. On pensa que la cause de son état était les fraises qu'elle avait mangées. Dans son sommeil on entendit Anna énoncer : « *Faises, faises des bois, flan, bouillie !* » Tout un menu ! Ce rêve sonore, verbal, exprime clairement un besoin (de manger) et un désir (manger du fruit défendu, car à l'origine du malaise).

Les enfants plus âgés et les adultes font le plus souvent des rêves moins limpides et même parfois bizarres. Ceci est pour Freud le résultat d'un traitement psychique particulier nécessité par la censure, c'est-à-dire qu'il y aurait une fonction de contrôle encore active pendant le sommeil. Avec le développement de la structure psychique (notamment autour de l'Œdipe), les mécanismes de défense permettant l'adaptation à la réalité sociale au prix du renoncement à la satisfaction directe du désir, chaque fois que ce dernier entre en conflit avec la réalité et l'éducation, vont intervenir pour camoufler le désir initial, lui donner une forme plus acceptable, ou encore le déformer au point de donner au contenu du rêve une apparence des plus incohérentes.

Rêve et camouflage

La recherche de Freud va donc porter sur la mise en évidence des procédés utilisés pour ce camouflage : la condensation (plusieurs éléments sont représentés en un seul), le déplacement (un élément est mis à la place d'un autre), la figuration (mise en image des pensées). Freud découvre que ces mêmes procédés se retrouvent dans d'autres productions de l'inconscient : les actes manqués, les lapsus, les oublis, les mots d'esprit (auxquels il consacrera aussi un ouvrage), les symptômes.

La condensation

Elle rend compte d'un décalage entre le récit du rêve et les pensées qui ont été à l'origine du rêve. On appelle le premier, le contenu *manifeste* (ce qu'on se rappelle et que l'on peut rapporter verbalement), les secondes constituant le contenu *latent*. Le contenu manifeste est une forme de raccourci, il est laconique : il condense. Il utilise un mot, une image, pour représenter un ensemble d'associations d'idées. Ainsi un personnage du rêve peut avoir les traits d'une personne, le regard d'une autre, l'attitude d'une troisième, il est composite. C'est pour cela que la méthode permettant d'avoir accès au contenu latent est celle, justement, des associations d'idées du rêveur : il faut pouvoir retrouver ce cheminement de la pensée. La condensation donne ainsi au récit de rêve une certaine opacité qui rend le déchiffrement nécessaire.

Par exemple, le rêve d'Émilie (le thé à la menthe/l'amante) présenté au tout début de cet ouvrage, rêve dont le contenu manifeste, le récit, est très court, concentre sur un détail, le thé, ce qu'il en est de son désir amoureux, de ses relations avec son amant oriental.

Le déplacement

L'intérêt du rêveur est déplacé, dans le récit du rêve, d'un élément particulièrement signifiant à une autre représentation de moindre importance, voire tout à fait accessoire. Ce qui démontre que l'énergie peut se dégager de la représentation initiale et circuler dans le processus associatif. Ainsi, par exemple, l'affect lié initialement à une représentation, peut se retrouver associé à un détail tout à fait minime. C'est le cas du thé, pour Émilie.

Au contraire, dans le rêve de Pascal, cité en page 65, nous avons deux personnages importants, Johnny Halliday et Jacques Chirac. Quelque chose de Pascal est déplacé sur chacun d'eux exprimant, de ce fait, des aspects complémentaires, artistique, politique, du désir de grandeur du rêveur. Il est ainsi courant que le rêveur projette sur la scène du rêve, des parties de lui-même qui se retrouvent ainsi dans les personnes, les objets représentés.

La figuration

C'est le procédé indispensable pour penser en rêve, c'est-à-dire penser à partir d'images, construire un « discours » à partir d'images. Dans ce cadre les idées abstraites ne peuvent être introduites par une syntaxe adaptée. Il faut donc trouver une image visuelle, sonore, kinesthésique… qui puisse approximativement rendre compte de la pensée latente.

Cette façon de faire a été rapprochée de celle de l'enfant jeune et donc, pour l'adulte, d'une forme de régression dans sa façon de s'exprimer. Cette régression, observée dans le rêve, est l'occasion de faire resurgir des souvenirs infantiles et, plus généralement, des matériaux de pensée infantile qui appartiennent à l'histoire du rêveur. De ce point de vue le rêve est une porte ouverte sur l'infantile toujours actif en nous.

La régression

Elle porte à la fois sur les processus psychiques, sur la pensée, par le retour à des images, et sur le contenu, par la résurgence de souvenirs et d'expériences infantiles. Elle est déjà induite par les conditions du sommeil, la coupure nécessaire avec la réalité, avec les processus adaptatifs, par le retrait narcissique. On peut dire que le rêve est absolument égoïste, il ne concerne que le rêveur, ce dernier se trouve occuper totalement la scène du rêve (par déplacement sur d'autres personnages, par condensation, etc.). Le rêveur est la vraie trame du rêve. Cette façon de voir s'oppose bien sûr au message divin, à la révélation, c'est-à-dire à l'idée que le rêve serait extérieur à l'individu qui n'en serait que le réceptacle.

Pour Freud le rêve est un phénomène psychique très important qui contribue à assurer l'équilibre de l'individu, par le travail psychique qui s'y opère. Pouvoir rêver une situation difficile, un traumatisme, c'est faire preuve d'une capacité à *mentaliser*, c'est-à-dire à intégrer psychiquement quelque chose qui a pu nous atteindre physiquement, une violence, une angoisse débordante ; pouvoir rêver c'est montrer que notre esprit peut mettre en images, se représenter, et donc en faire quelque chose. Ceci est très important dans les vécus traumatiques notamment. De ce point de vue le cauchemar est un raté du rêve car il n'arrive pas à nous protéger de l'angoisse qui réapparaît dans le rêve avec une intensité qui provoque le réveil.

Marc rêve d'un disparu

Marc a mis des années avant de faire ce rêve : il se trouve sur un chemin et voit apparaître, au bout du chemin, la silhouette d'un homme d'une cinquantaine d'années, ce dernier s'avance vers le rêveur qui se trouve maintenant être un petit enfant. L'homme lui tend les bras, l'enfant se précipite, et reconnaît alors « Monsieur Mast ».

Marc se réveille et réalise qu'il vient de dire adieu à ce personnage qui a été si important pour lui et sa famille lorsqu'il avait six ans. Il ne l'avait jamais revu, avait appris son décès des années plus tard.

Marc venait, par ce rêve, d'intégrer cette expérience à son histoire. Le souvenir évoqué par le rêve lui permit d'en prendre conscience et de résoudre ainsi le « trou » de l'absence de Monsieur Mast.

Le rêve, gardien du sommeil

Freud considère que le rêve est le gardien du sommeil. Les processus mis en évidence par Freud dans l'analyse des rêves correspondent, en réalité, au fonctionnement de l'inconscient, c'est-à-dire aux procédés employés pour toutes les productions de l'inconscient (on parle de processus primaires pour les opposer aux processus secondaires, issus du contrôle, de la rationalité, etc.), en particulier, les symptômes.

Prenons par exemple le cas de la phobie. Il s'agit d'une pathologie à l'origine de comportements qui peuvent devenir très handicapants. La phobie des grands espaces empêche de se promener dans la rue, voire de sortir de chez soi. Au contraire, la phobie des petits espaces, empêche de prendre l'ascenseur, de se trouver dans une voiture, ou dans une pièce petite ou sans grandes fenêtres, etc. Ce qui finalement réduit terriblement les possibilités dans la vie quotidienne et nécessite toutes sortes de précautions. De même la phobie de certains objets, ou animaux, etc. Pourtant il s'agit déjà d'un comportement économique qui vise à limiter l'envahissement de l'angoisse. Le danger n'est pas perçu comme étant à l'intérieur de l'individu (dans le conflit psychique par exemple) mais à l'extérieur (on parle alors de projection). Il est, de ce fait, plus facile à combattre. Il est projeté précisément sur une situation, ou sur un objet, ce qui limite son impact, et offre la possibilité de l'éviter. C'est comme si tout le problème du phobique était déplacé sur le grand espace, ou sur l'araignée, et l'angoisse condensée à cet endroit précis. Alors que, bien entendu, le grand espace et/ou l'araignée ne sont pour rien, objectivement, dans l'origine de la pathologie. Ainsi, l'étude des rêves et la théorie particulière développée par Freud l'ont amené à enrichir son approche de la pathologie, à mieux comprendre cette dernière et à l'intégrer dans une conception plus globale du fonctionnement psychique.

En effet, le rêve est un fait psychique commun à tous les êtres humains (ainsi qu'à certaines espèces animales). Or il se trouve que les processus mis en évidence sont les mêmes que ceux retrouvés dans certaines pathologies. Il y a, de ce fait, un rapprochement entre le fonctionnement pathologique (la maladie mentale) et le fonctionnement ordinaire, pour ne pas dire normal. Freud affirmait ainsi qu'il n'y a pas rupture mais continuité. Tout rêveur hallucine, alors que cette même hallucination, de jour, fait partie de la psychose, par exemple. Car, non seulement nous voyons des choses dans nos rêves, mais nous y croyons vraiment, nous vivons vraiment les situations que nous hallucinons, tout comme le délirant à l'état de veille.

Le rêve dévoile le désir

L'observation de cette proximité, de l'existence des mêmes procédés, ouvrait, avec Freud, une nouvelle approche et une nouvelle compréhension à la fois des phénomènes quotidiens et des phénomènes pathologiques. Le rêve nous a amenés à éclairer d'une part le rapport de l'adulte à son monde infantile, et, d'autre part, la communauté des processus normaux et pathologiques. Mais comment se constitue le rêve ? Toujours à partir du désir du rêveur, à la faveur de l'abaissement du contrôle, de la censure, et par l'usage de restes diurnes (représentations, souvenirs, traces mnésiques, mots, sensations, etc.) qui vont constituer le matériau de base, en quelque sorte. L'inconscient utilise des éléments, le plus souvent indifférents, de la vie diurne, pour y transférer des éléments majeurs de la vie infantile du sujet.

À l'abri, grâce au sommeil, du principe de réalité, le rêve répond au principe de plaisir : le mendiant rêve d'un bon repas, le prisonnier se voit voler au-dessus de sa prison… bien que, comme nous venons de le voir, le rêve manifeste est souvent plus compliqué à déchiffrer en raison de la richesse du travail psychique réalisé.

Pascal

Pascal raconte son rêve : *« Je vois Johnny Halliday et Jacques Chirac près de lui, ils sont attablés en compagnie d'autres invités. Chirac se lève, il m'a manifestement aperçu et vient à ma rencontre, il me salue, me serre la main très cordialement. J'en suis touché et fier ! »*

Voici bien un rêve de valorisation personnelle : réalisation du désir (bien compréhensible) d'être reconnu parmi les grands de ce monde… Pourquoi ces deux noms ? Pour le savoir il faudrait avoir les associations d'idées de Pascal.

Si le rêve lui-même, par les processus psychiques impliqués, par le contenu, est intéressant, l'attitude du rêveur l'est tout autant. C'est dire que ce comportement qui pouvait sembler au départ insignifiant, se révèle être au contraire une source très riche d'enseignement sur notre fonctionnement psychique.

Que faisons-nous de nos rêves ?

Quel intérêt portons-nous (ou non) à ces productions psychiques non maîtrisables ? C'est à ce niveau que se trouve la part proprement humaine du rêve. Les hommes, quelles que soient les cultures, se sont toujours intéressés à leurs rêves. Comme pour tout ce qui arrive à l'être humain, cette pensée nocturne, souvent bizarre, qui semble lui échapper, excite son intérêt : il doit lui trouver un sens, et chaque culture a proposé sa façon d'envisager le sens des rêves. Freud tente, nous l'avons vu, d'intégrer cette conduite particulière dans la culture scientifique de son époque. Le rêve a un sens et ce dernier peut être l'objet d'une étude scientifique. Voilà son ambition : sortir l'interprétation du rêve de l'ésotérisme de pratiques initiatiques, ou de dévoilements mystiques.

Mais, dans ce cas, le rêve ne peut être envisagé sans le rêveur, puisqu'il en est un produit psychique. Le rêveur doit être mis à contribution, pas seulement dans le fait de raconter son rêve, mais très précisément dans le travail de l'analyse du rêve. Car seul le rêveur peut aider l'analyste à démêler les fils de cette trame de figurations, condensations, déplacements qui ont répondu au désir et aux obstacles internes au rêveur. La méthode est encore celle des associations d'idées.

Ce sont les associations libres faites à partir du rêve qui permettent de démanteler le travail de déguisement réalisé afin de retrouver un sens derrière les bizarreries du récit de rêve. On ne peut interpréter un rêve si on n'a pas les associations du rêveur. Alors qu'est-ce qui fait que nous oublions nos rêves, voire que nous avons l'impression de ne pas rêver ? Ce serait le résultat de processus défensifs qui nous refusent l'accès à ces pensées du rêve, en les refoulant, en les oubliant. Il s'agirait d'une façon de distinguer très clairement le jour de la nuit, ce qui peut se dire ouvertement, ce qui est adapté à la réalité sociale, de ce qui doit rester dans l'ombre. De ce point de vue se rappeler ses rêves serait un indice de bonne santé psychique, dans le sens d'une certaine souplesse de fonctionnement, d'une certaine tolérance interne.

La technique de l'interprétation des rêves est pour Freud à la base du travail réalisé dans la cure psychanalytique. À côté de rêves à contenu narcissique, comme celui de Pascal, voici deux rêves qui laissent affleurer la dimension libidinale.

Le rêve musical de Bernard

« Je dirigeais la chorale. Pas un homme n'était présent. Il n'y avait donc que des voix féminines. La partition était inscrite entre les cuisses d'une des choristes. Je trouvais le chant très aigu et très chaud à la fois. Je me souviens leur avoir dit : "J'ai l'impression d'entendre un chœur de vierges". »

Voici un rêve qui montre que la sublimation (la musique) peut avoir quelques défaillances et laisser apparaître, en rêve, ses sources originelles, sexuelles. Si chacun d'entre nous peut entendre, dans ce rêve, la dimension libidinale, pourquoi s'est-elle exprimée sous cette forme ? Nous ne pouvons répondre à cette question sans le rêveur et ses associations. On note que, malgré ces évocations très senties, le rêveur réussit une mise en forme très adaptée dans la verbalisation finale.

André rêve de musique contemporaine

Cet autre rêve de partition met en valeur ces processus complexes : entre dégoût, dévalorisation et plaisir, entre sexualité et sublimation, spiritualité.

« J'entends une musique laide composée par deux jeunes femmes inconnues de moi, qui sont présentes mais que je ne vois pas : une musique "contemporaine"... Peu à peu cette musique discordante fait apparaître, écrites sur le mur en grands caractères décoratifs analogues à ceux de la langue arabe, des phrases dont je ne puis comprendre le sens mais que je sais être très belles, d'une haute spiritualité. Il s'avère que ces phrases sont formées avec les lettres des noms des deux jeunes femmes. »

Ce que l'on constate d'emblée dans ce dernier rêve, c'est le travail de mise en forme réalisé dans ce rêve, le passage par l'écriture et par une langue étrangère, l'arabe (mises à distance, abstraction), et enfin la spiritualité. Dans ce cas on trouve une insistance sur la question du déchiffrage et quand même un retour aux deux jeunes femmes... Les associations du rêveur nous éclaireraient sur les contenus de cette lutte intérieure (que nous voyons à l'œuvre) entre attrait et répulsion, entre plaisir et mise à distance.

L'homme aux loups

C'est par un rêve fait à l'âge de quatre ans, raconté et dessiné au cours de son analyse, à l'âge adulte, que Freud a découvert « l'homme aux loups ».
C'était l'hiver. Il faisait noir. L'enfant était couché. Tout à coup la fenêtre s'ouvrit et sur le grand noyer en face l'enfant vit six ou sept loups blancs assis sur les branches. Il fut pris d'une grande angoisse, se mit à crier et se réveilla.
À partir des souvenirs et associations de son patient, Freud comprit cette scène comme en rapport avec la scène primitive, c'est-à-dire la vision, par l'enfant, du rapport sexuel des parents.

Cette cure commencée en 1910 dura quatre ans et demi. Issu d'une famille de la noblesse russe, HL fut élevé ainsi que sa sœur au milieu de gouvernantes et de précepteurs. Sa mère s'occupait surtout de sa propre santé, tandis que son père dépressif eut la vie active d'un homme politique aux idées libérales.

C'est déjà à l'âge de 10 ans qu'il présenta les premiers symptômes. À l'âge de 19 ans il perdit son père puis sa sœur, l'un et l'autre par suicide. Ayant contracté une maladie sexuelle, il eut une dépression et fut plusieurs fois hospitalisé. Il fit de nombreuses cures de repos et eut ainsi droit à une série de traitements variés, administrés par différents médecins. Lorsqu'il rencontra Freud, il eut pourtant pour la première fois le sentiment d'être écouté pour lui-même et non pas comme un énième malade. HL aurait été victime d'une tentative de séduction à l'âge de trois ans et demi par sa sœur. Plus tard, il tenta lui-même de la séduire, mais elle le repoussa. Il finit par épouser l'infirmière dont il était tombé amoureux, union à laquelle sa famille et les médecins s'étaient précédemment opposés.

Freud ne suivra pas les diagnostics de ses prédécesseurs. Il considéra qu'il s'agissait d'une hystérie d'angoisse avec phobie des animaux transformée en névrose obsessionnelle. Diagnostic qui fut encore discuté par les commentateurs suivants. Non seulement l'analyse de l'homme aux loups fut publiée et, comme les autres cas célèbres, commentée de multiples manières, mais le patient lui-même écrivit son autobiographie, encouragé en cela par le milieu psychanalytique. Le patient dû reprendre un travail psychanalytique après la guerre avec Freud, puis avec une femme. Il resta toujours en contact étroit avec le milieu psychanalytique dans lequel il était intégré et soutenu.

Rêve, hallucination, délire

Le rêve est une activité psychique commune à tous les êtres humains (et à certaines espèces animales). C'est non seulement une activité normale, mais utile, voire nécessaire. Le rêve est lui-même une activité hallucinatoire puisque le rêveur croît à ce qu'il voit, ce qu'il entend, et ce en dehors de toute réalité matérielle. Mais, au réveil le rêveur considère que « *ce n'était qu'un rêve* ». Il est donc alors bien en état de distinguer la réalité matérielle de la réalité psychique. À l'état de veille, en revanche, l'hallucination est plus problématique et souvent pathologique. C'est l'interprétation, le degré de croyance du sujet qui fera alors le partage entre normalité et pathologie. Le sujet peut-il encore distinguer ces deux ordres de réalité ? Nous donnerons quelques exemples dans le registre du normal (puisque les sujets réalisent clairement qu'ils ont halluciné).

On peut différencier les hallucinations positives (voir, entendre quelque chose qui n'existe pas) des hallucinations négatives (ne pas voir, ne pas entendre quelque chose qui existe bel et bien !). Les premières sont de loin les plus fréquentes.

L'hallucination positive

Heidi et Yasmine : On a frappé

« On a frappé, peux-tu aller voir ? C'est à la porte d'entrée.

– Personne…

– Pourtant c'était très net, trois coups n'as-tu pas entendu ?

– Non, rien. »

Cela fait plusieurs fois que cette situation se répète, parfois même dans les rêves… Heidi s'inquiète de ce phénomène. À la réflexion elle se rappelle comment, une nuit de son enfance, la Gestapo s'est introduite dans la maison et a emmené son père…

Mais Yasmine présente aussi ce phénomène. Elle est célibataire et vit seule dans son petit appartement. C'est à partir de la cinquantaine qu'elle a commencé à observer ce genre de phénomène, pas très gênant en réalité, car peu fréquent, mais qui a tout de même le don de la troubler. En réalité Yasmine est très seule, peu de visites, peu de coups de téléphone, pas d'amis… Si seulement elle avait cette visite souhaitée…

Ces deux cas illustrent deux fonctions de l'hallucination, d'un côté le retour d'un événement traumatique, de l'autre la réalisation d'un désir, d'une pensée (si seulement je n'étais pas seule, si je pouvais avoir une visite…). C'est là le pouvoir du psychisme que d'abuser nos sens au point de percevoir sans stimuli correspondant.

L'hallucination négative

Le rétroviseur de Louis

En allant à sa séance d'analyse, Louis gare sa moto, la regarde et observe qu'elle n'a plus de rétroviseur. Une fois allongé sur le divan, au cours de la séance, évoquant cette observation, il associe sur la question du passé, et son psychanalyste poursuit l'association avec ces mots *« ce qui est en arrière »*. Louis comprend à ce moment le sens du rétroviseur. Une fois sorti, il retrouve la moto et s'aperçoit avec évidence que le rétroviseur est bien à sa place !

Louis a donc eu ce que l'on appelle une hallucination négative puisqu'il s'agit d'éliminer de la perception un élément qui existe bel et bien ! Il comprend alors qu'il aura bien besoin du rétroviseur pour faire ce travail sur son passé.

Dans ce cas, le sujet réalise sa méprise, cette « erreur » de perception lui appartient. On peut encore évoquer une situation beaucoup plus banale, celle de la surdité psychologique. Combien de fois lorsqu'un enfant n'entend pas ses parents, notamment lorsqu'il s'agit de reproches ou de demandes qui lui sont désagréables, ceux-ci considèrent qu'il s'agit d'une surdité psychologique. On entend ce qu'on veut bien entendre a-t-on l'habitude de dire dans ce cas. Il faut reconnaître qu'il nous est plus facile de considérer cet aspect psychologique chez l'autre et l'enfant en particulier, que chez nous, adultes. Pourtant le processus est bien le même !

Citons aussi l'exemple suivant, qui confirme la portée de l'hallucination négative :

Bernard et la colonne

Bernard est en analyse depuis déjà deux années. Lorsque cette fois il entre dans le grand salon dans lequel se trouve le divan, il remarque au centre une colonne. Très surpris il interroge son analyste : *« Vous avez fait construire une colonne ? Mais comment avez-vous pu le faire si rapidement ? »* Ce dernier l'assure que la colonne a toujours été là... Qu'est-ce qui a fait que Bernard ne l'a jamais vue ? Quel sens cette colonne a-t-elle pour lui ?

Nous n'en savons rien dans ce cas précis car nous n'avons aucune des associations de Bernard sur ce point, mais nous enregistrons l'importance de ce signifiant pour lui.

Délire

Le délire, lui, va plus loin car, dans ce cas, il ne s'agit pas d'une simple perception mais d'une véritable construction, et qui engage la croyance, l'adhésion du sujet. Dans ce cas la réalité psychique prend le pas sur la réalité matérielle. Le délire est un processus psychique qui crée une néoréalité à laquelle le sujet adhère totalement, c'est-à-dire qu'il en fait la réalité matérielle, ne la reconnaissant pas comme une construction propre à son psychisme. Le délire est un élément caractéristique de la psychose. Freud développe ses réflexions sur ce sujet à partir d'un cas que nous allons résumer ici.

Schreber, la paranoïa

Ce cas est particulier puisqu'il ne s'agit pas d'une cure faite par Freud mais de l'interprétation d'un texte autobiographique : *Mémoires d'un névropathe,* écrit en 1903. Schreber (1842-1911), est né dans une famille bourgeoise allemande, un milieu protestant. Son père était célèbre pour une théorie éducative particulièrement rigide, hygiéniste, largement diffusée en Allemagne. Schreber, lui, était un juriste renommé, président de la cour d'appel de Saxe. C'est à la suite de son échec aux élections (parti conservateur) qu'il présenta les premiers symptômes. Ses mémoires constituent une observation particulièrement riche d'un délire paranoïaque. Freud y retrouva des illustrations de sa théorie de la psychose.
Il s'agissait d'un délire construit, système dans lequel Schreber se retrouvait persécuté par Dieu. Ce dernier lui parlait dans « la langue des nerfs » et lui imposait de se changer en femme pour engendrer une nouvelle race. Il recevait des rayons qui le rendaient immortel dans un monde apocalyptique peuplé d'« ombres d'hommes bâclées à la six-quatre-deux ». Son corps aussi était profondément atteint, privé qu'il était de certains organes comme l'estomac ou la vessie (on reconnaît là des hallucinations négatives pathologiques).

Ce cas fut réinterprété par des analystes plus spécialisés dans ce domaine comme Mélanie Klein ou encore Jacques Lacan. La première fit remonter ses troubles à la relation précoce mère-enfant, à la différence de Freud qui voyait le délire comme une défense contre l'homosexualité latente. Lacan, pour sa part, relia ce délire aux thèmes pédagogiques du père considérant que le projet du père d'assainir l'homme par sa méthode d'éducation, faisait retour dans le délire de Schreber.

Place du rêve dans la séance de psychanalyse

La séance d'analyse est centrée sur l'association d'idées. Mais il arrive bien sûr que le sujet veuille parler d'une situation précise, ou encore qu'il rapporte un rêve. Il peut aussi être amené, à certains moments à associer une évocation à un rêve, ou un rêve à un autre rêve, etc. L'écoute du psychanalyste est ici à deux niveaux au moins, le processus associatif pour lui-même (comment on passe de tel élément à tel autre élément), et la façon dont celui-ci s'inscrit dans la relation analytique (entre le psychanalyste et l'analysant). Qu'est-ce qui fait que le sujet apporte tel rêve à tel moment à l'analyste ? (Il cherche à l'intéresser, le relancer, lui faire « un cadeau ». Il attend une interprétation...)

Suivant son orientation (freudienne, lacanienne, kleinienne, etc.) et sa pratique, l'analyste accordera plus ou moins d'importance au rêve en tant que tel. De ce fait le sujet se sentira plus ou moins encouragé à apporter, et même à faire des rêves. L'analysant s'approprie progressivement la méthode des associations d'idées et trouve ainsi à interpréter lui-même ses rêves.

La camionnette du psychanalyste

Annick vient à sa première séance d'analyse. La nuit précédente elle a rêvé qu'elle se trouvait embarquée dans une camionnette avec un certain nombre de personnes. Malgré la difficulté d'y trouver une place, Annick a réussi à s'installer à côté du chauffeur. Elle est rassurée. Lorsqu'elle évoque ce rêve au cours de la séance, il lui apparaît qu'il correspond au sentiment qu'elle avait eu pendant l'entretien préalable avec le psychanalyste. La renommée de ce dernier faisait qu'il était difficile de pouvoir faire partie de sa clientèle. Il avait notamment évoqué cette surcharge et des difficultés d'horaire. Le rêve va plus loin, pour répondre au désir d'Annick (sa demande d'amour), avoir la meilleure place, privilégiée, dans le groupe dont elle se sentait faire partie comme malgré elle.

Le rêve prend ainsi en compte un élément de la réalité : Annick n'est pas la seule..., mais le chauffeur lui assure la meilleure place ! Annick exprime bien aussi, métaphoriquement, le sentiment d'être embarquée, comme dans un grand voyage... la cure psychanalytique. On note ici la capacité figurative, métaphorique du rêve. Ayant raconté son rêve Annick se revoit petite, toujours sensible au mal des transports, et, de ce fait, régulièrement placée à l'avant des voitures, autocars, etc. Il faudra donc prendre soin d'elle, de sa fragilité... Voilà le psychanalyste prévenu !

Nous reviendrons sur la question du rêve en psychanalyse dans la troisième partie de l'ouvrage lorsque nous aborderons les critiques faites à la psychanalyse.

Actes manqués

Si le rêve est la voie royale, on pourrait dire de l'acte manqué (lapsus, oubli, erreur, fausse audition, fausse perception visuelle, perte, etc.) qu'il est une voie princière ! Pour la psychanalyse tous ces ratés de la volonté, du contrôle, de la maîtrise du Moi, sont des manifestations de l'existence du désir inconscient, qui vient faire surgir, par surprise, autre chose que ce que l'on pensait dire, faire, montrer...

L'acte manqué est la résultante de deux intentions en conflit. L'intention manifeste se trouve perturbée par l'intrusion de l'intention latente, le plus souvent refoulée. Mettant à profit la fatigue, la distraction, ou encore les similitudes verbales, ces tendances refoulées trouvent un terrain où s'exprimer.

L'inconscient est structuré comme un langage, il peut donc être décrypté comme un message dont on suit les processus de condensation, déplacement, métaphore et métonymie. L'acte manqué est une formation de compromis entre le conscient et l'inconscient, le matériel refoulé. Le « ça parle » correspond à une faille du contrôle conscient, tout en restant déguisé, encore camouflé par la formation de compromis : il ne s'agit pas d'un face-à-face direct avec l'inconscient, plutôt d'un jeu de piste ouvert…

L'acte manqué sert une intention. Ainsi, le mot oublié, par exemple, l'est par les associations désagréables qui lui sont liées. Seule la technique des associations libres permet de retrouver l'enchaînement qui rétablit le sens. Vous en trouvez des illustrations dans les exemples qui parcourent cet ouvrage.

Nous terminerons ce chapitre sur le rêve avec l'expérience de Brigitte : une certaine prise de sang. Cette expérience montre comment l'inconscient utilise, dans la vie quotidienne, des situations, des indices, pour répéter des traces d'événements infantiles restés en souffrance.

Brigitte et la prise de sang

Comme à son habitude, Brigitte va faire un bilan sanguin au dispensaire de son arrondissement parisien. Elle est surprise quand l'infirmière lui demande de s'allonger. Jusque-là la prise de sang était réalisée en position assise. L'infirmière lui explique alors qu'un homme a eu récemment un accident dans le laboratoire, ce qui les a amenés à ce changement par souci de sécurité. Tandis qu'elle prend le bras de Brigitte et se prépare à le piquer, l'infirmière commence le récit dans le détail de la chute de cet homme, de sa blessure à la tête… Brigitte n'apprécie pas vraiment ce récit mais fait preuve de patience une prise de sang c'est rapide. À la sortie pourtant elle se sent mal, la vue se brouille, elle entre dans le café le plus proche pour s'asseoir et se réconforter. Brigitte prend son temps avant de rentrer chez elle.

Quelques semaines plus tard Brigitte rencontre une amie de sa mère, elles dînent ensemble. Au cours du repas Brigitte raconte à cette amie, soignante, la maladresse de l'infirmière. Elle donne alors des détails sur ce qu'elle a ressenti à la sortie : l'impression d'avoir la tête dans un étau, la vue brouillée, noircie, et un très fort mal de tête. Cette amie la regarde, cette situation lui évoque la façon dont elle-même avait été impressionnée par le casque que devait porter le frère de Brigitte lorsqu'à trois, quatre ans, il faisait des crises d'épilepsie qui le faisaient chuter. Brigitte réalise soudain que c'est ce même vécu qui était revenu, physiquement, pour elle (elle était trop jeune à l'époque pour s'en faire une représentation).

On voit ici une suite d'associations de situations, images, mots, ressentis physiques, entre trois personnes chacune dans son histoire propre, mais s'éclairant les unes par les autres. Brigitte ainsi pu faire le parcours qu'elle n'aurait pas pu réaliser seule, intégrer un vécu d'enfance traumatique qui l'avait « marquée » de la sorte. Pour cela elle s'était mise à l'écoute de ces sensations sur le moment bizarres. On pourrait même dire que l'épisode de la prise de sang s'est mué, pour elle, en « prise de sens ».

À la gare

Une amie me rapporte ce lapsus qu'elle a elle-même entendu raconter par un collègue. Il s'agit d'une jeune femme qui arrive à la gare très chargée et embarrassée par deux valises et un gros sac. Remarquant ses difficultés, et appréciant sa silhouette, un homme s'approche d'elle pour lui offrir une aide. Il l'aborde avec ces paroles *« Vous êtes bien embrassée... »* (pour embarrassée) !

Ce lapsus trahissait bien là son désir de l'embrasser ! De plus, cet exemple montre la valeur que peut prendre un lapsus, mémorisé, raconté, transmis... Le plaisir qu'y prend l'auditeur, comme de voir mis à nu le désir de l'autre...

Le mot d'esprit

Freud aimait beaucoup les jeux de mots, l'humour, les histoires juives. Il consacra un ouvrage entier, en 1905 sur *Le mot d'esprit et ses rapports avec l'inconscient*. Il étudie la technique du mot d'esprit, la façon dont il produit du plaisir, et sa dimension sociale. Tout comme le rêve, le jeu de langage a un rapport privilégié avec l'infantile. Les premiers apprentissages de la langue, chez l'enfant, ne se font pas sans confusion de sons, de sens, quiproquos, etc. L'enfant prend bientôt plaisir à jouer avec ces mêmes éléments.

Contrairement au lapsus, à l'oubli, aux actes manqués, le mot d'esprit, lui, apparaît comme particulièrement réussi. C'est une formule, une répartie, un néologisme… qui utilise la polysémie du langage (le double sens des mots, en particulier), pour offrir la possibilité à une représentation inconsciente, refoulée, de faire retour, et même d'être accueillie dans le champ de la conscience ! C'est clairement une façon de déjouer la censure.

Une histoire juive

Freud rapporte, par exemple, une histoire juive : passant devant un établissement de bains publics M. X demande à M. Y « *As-tu pris un bain ?* », ce à quoi M. Y rétorque : « *Pourquoi ? Il en manquerait un ?* » Le mot d'esprit produit du plaisir : diminution de la tension, échappée de la censure, de la rigueur du Surmoi, libération d'énergie, et convivialité. Car le mot d'esprit s'entend avec témoin, c'est sa dimension sociale.

On retrouve dans l'humour, le comique, l'ironie des conjugaisons différentes des mêmes ingrédients que sont le jeu avec la censure, avec la langue, et le plaisir partagé (nous ajouterions aussi l'air dans la tête, le chantonnement, beaucoup moins étudiés mais tout aussi efficaces). À côté des mots d'esprit ludiques, Freud distingue des mots d'esprit tendancieux, c'est-à-dire portés par l'agressivité, le cynisme ou encore l'obscénité. Dans son ouvrage Freud reprend des histoires de marieurs, d'argent, de famille, de sexe. Dans tous les cas, il s'agit de la capacité de rire de situations difficiles, voire même tragiques. On raconte aussi que lors de son départ de Vienne, Freud, contraint de signer une attestation selon laquelle l'administration nazie l'avait bien traité, aurait ajouté ces mots : « *Je puis cordialement recommander la Gestapo à tous !* »

À noter que Lacan, particulièrement sensible à cette dimension linguistique, utilisera lui-même beaucoup les aphorismes, les mots d'esprit, calembours... dans son enseignement, donnant un nouveau développement à l'ouvrage freudien.

La guerre du Golfe

Je regarde les informations à la télévision : ce soir-là, la guerre du Golfe est annoncée et mise en acte simultanément devant mes yeux. Je suis sidérée. J'entends alors dans ma tête le refrain d'une chanson d'enfant *Savez-vous planter les choux* ?

« Savez-vous planter les choux,

À la mode, à la mode,

Savez-vous planter les choux,

À la mode de chez nous ? »

C'est alors la consternation qui m'atteint, suivie d'un mouvement de révolte contre moi-même : est-il possible que je réagisse à ce drame, enfoncée dans mon fauteuil, devant l'écran, avec une telle légèreté, insouciance et même dérision ? Qu'est-ce qui me prend ?

Les images nous démontrent la prouesse technique de ces bombardements, mais comment penser un seul instant que l'on puisse comparer la précision de l'envoi de ces bombes à la façon dont on plante les choux ? Si le mot d'esprit agit par condensation, comment mettre en relation des registres aussi éloignés, aussi opposés ? En tout cas, à ce stade, je ne ris pas du tout !

À la réflexion, je me dis que la façon dont les Américains nous ont présenté leurs performances, la banalisation et la médiatisation dont elles ont fait l'objet, ont pu être entendues comme si ce n'était finalement qu'un jeu d'enfant ! Alors ce grand écart fait entendre justement avec dérision la critique d'un cynisme monstrueux : planter des bombes comme on plante des choux.

Démonstration d'un savoir (« *Savez-vous ?* » nous demande la chanson) sous forme de performance technique, rapprochée ici de l'apprentissage du corps (on se rappelle que les différentes parties du corps sont successivement impliquées dans les couplets de cette chanson... « *On les plante avec le nez* »...).

Dans ce cas la trouvaille préconsciente de la chanson d'enfant souligne, plus que la banalisation, la futilité propre au développement de la dérision. C'est une façon de tenter de se dégager de l'angoisse envahissante produite par la vision de ces images. Il manque toutefois, dans cette situation, un public pour partager l'humour noir produit par l'air dans la tête.

Les vieilles

Xavier, médecin neurologue spécialisé dans les examens de potentiels évoqués, rencontre Marie, une collègue anesthésiste d'un certain âge, dans la rue. Marie lui dit : *« J'ai entendu que le nouvel appareil ne fonctionne pas bien »*. Xavier lui répond *« Effectivement, avec ma vieille machine je faisais tous les examens sans problème, mais maintenant... »*, ce à quoi Marie rétorque vivement : *« Mais tu sais bien que les bonnes choses on ne les fait qu'avec les vieilles ! »*

Tous deux éclatent de rire !

C'est un bon mot qui fait passer d'un constat technique désagréable (Xavier a vraiment des problèmes depuis quelque temps à cause de cette machine) à une relation de séduction.

L'interprétation du rêve a été fondamentale dans la découverte de Freud et lui a permis de s'auto-analyser. Le récit du rêve est le fruit d'un travail psychique de transformation des pensées et désirs. Les principaux mécanismes de transformation du rêve latent en rêve manifeste sont la figuration, la condensation, le déplacement. Ces processus sont au fondement de la réalité psychique tout entière, actifs dans le rêve, mais aussi dans les pathologies mentales, et dans certains symptômes physiques.

Farid et le groupe

Farid fait un stage d'expression corporelle. La méthode proposée est à base d'exercices collectifs accompagnés de percussions et de séquences d'improvisations individuelles ou collectives. Ils sont une vingtaine de participants réunis pour une session intensive de quelques jours. Le troisième jour, Farid, plus en confiance, ose une improvisation à l'intérieur du groupe. Il s'avance de façon un peu théâtrale et commence des mouvements assez amples par lesquels il se trouve entraîné. Au bout de deux minutes il est interrompu par l'animateur qui critique sévèrement ce qu'il vient de faire. Ce n'était pas ce qui était attendu. Farid est très mal, il a un sentiment d'étrangeté devant ce qui lui arrive. Il ne peut se rappeler précisément ce qu'il vient de faire. C'est comme s'il avait été traversé par un mouvement sans en être l'origine.

Mais la situation prend une ampleur qu'il ne pouvait imaginer, l'animateur se fâche en effet contre le groupe, le conflit est ouvert, c'est un moment de crise dans le stage. Farid se sent complètement dépassé. Qu'est-il arrivé ? Il comprendra par la suite qu'il s'est trouvé être le porte-parole à son insu et par son expression non verbale, du problème inconscient qui animait alors le stage. Le sentiment d'étrangeté qu'il avait ressenti correspondait au fait que son expression était en contact avec la problématique du groupe. Pourquoi le cheminement de l'inconscient du groupe passait-il à ce moment précisément par Farid ? Des séances d'analyse auraient peut-être permis à Farid de trouver ce qui était entré en résonance entre son histoire et sa problématique personnelle et la situation conflictuelle du groupe.

L'expérience de Farid montre que l'inconscient se manifeste tout aussi bien dans les groupes que dans le cabinet du psychanalyste.

Chapitre 4

La construction théorique : la métapsychologie freudienne

« Le moi nous apparaît comme une pauvre créature soumise à une triple servitude et vivant, de ce fait, sous la menace d'un triple danger : le monde extérieur, la libido du ça et la servitude du Surmoi. »

S. Freud, *Le Moi et le Ça*.

Pourquoi une « métapsychologie » ? Freud veut distinguer sa théorie de la psychologie classique, de son approche essentiellement descriptive. L'hypothèse de l'inconscient ouvre de nouveaux horizons qu'il compte bien exploiter. La métapsychologie se caractérise par une théorie qui combine trois points de vue : topique (une structure spatialisée du fonctionnement psychique), dynamique (l'organisation psychique est fondamentalement conflictuelle, confrontant l'individu et son environnement), économique (le fonctionnement psychique est alimenté par une énergie, il a donc aussi une dimension quantitative).

Nous aborderons quelques-unes des principales notions développées dans cette métapsychologie. Nous laisserons pour la quatrième partie de cet ouvrage les développements apportés par les auteurs successifs, afin de nous centrer sur les fondements apportés par Freud.

L'inconscient

Depuis l'Antiquité les philosophes ont attiré l'attention sur le fait qu'une partie de notre vie psychique nous échappe, sort du contrôle du Moi : ils ont ainsi distingué le conscient et l'inconscient (ou encore le subconscient comme certains l'appellent). Ce dernier se définit comme le négatif : ce qui n'est pas conscient. Mais l'observation montre que ce qui n'est pas conscient pour nous à un moment donné, peut l'être à un autre moment, ou lorsque nous faisons l'effort de retrouver ces éléments qui nous ont passagèrement échappé. Toute notre vie quotidienne est tramée de ce jeu entre conscient et inconscient. Pour que nous puissions avoir la maîtrise de ce qui nous arrive, ou du travail et des pensées présentes, il faut bien sûr que les éléments utiles soient conscients. La mémoire joue un grand rôle dans cette alternance d'états conscient/inconscient des éléments (pensées, souvenirs, images, sentiments, désirs, etc.) qui habitent notre vie psychique.

Qu'est-ce qui change avec Freud ?

Freud n'a pu se contenter de cette conception de l'inconscient. Trop de choses échappent à notre conscience et pas seulement par un « trou » de mémoire passager ! Et puis, on peut remarquer que, dans certaines circonstances, ce qui nous échappe n'est pas indifférent et semble justement avoir un lien significatif avec ce que l'on est en train de dire.

Il y aurait donc comme un processus actif qui rendrait inconscients certains éléments. On doit alors se demander pourquoi et comment agit ce processus. Pourquoi a-t-on oublié un nom ? Un rêve ? Un souvenir ? Voire un traumatisme. Et comment, dans ce dernier cas, peut-on oublier quelque chose qui nous a si violemment marqué ? Freud est le découvreur d'un autre inconscient que le non-conscient (qu'il nomma le préconscient), un inconscient qui est le fruit d'un conflit psychique et qui est produit activement par un processus appelé le *refoulement*. Les éléments inconscients ont donc une histoire que la méthode de l'interprétation psychanalytique se propose de retrouver.

Le refoulement

C'est une façon de se débarrasser d'éléments indésirables. Freud donne l'exemple du conférencier qui, se trouvant perturbé au cours de son discours par un auditeur qui l'interpelle et l'agresse, ne se résout pas à lui laisser la parole. Le conférencier demande aux organisateurs de faire sortir l'importun. Mais une fois dehors ce dernier fait du bruit, tambourine sur les portes, ameute les gens. Par ce bruit il dérange encore plus le conférencier qui, finalement, demande aux organisateurs de s'en occuper. Ceux-ci tentent de négocier avec l'importun. Il restera dans la salle mais n'interviendra plus de façon intempestive. Cette métaphore illustre très bien le projet psychanalytique : considérer qu'il vaut mieux prendre conscience de ce qui perturbe, irrite, agresse de l'intérieur, en tentant de lui trouver une place, plutôt que de vouloir s'en débarrasser en le rejetant à l'extérieur, ou en tentant de l'ignorer (« *je ne veux pas le savoir…* »). Il est illusoire de penser qu'il suffit de fermer la porte !

Mais s'il y a refoulement, qui décide de refouler ? Qui censure ? Pour répondre à cette question il faut aborder la conception que Freud met progressivement en place de ce qu'il appellera l'« appareil psychique ».

L'appareil psychique

Il s'agit d'un modèle qui tente de rendre compte de la complexité du fonctionnement psychique. Avec ce terme qui fait penser à la mécanique, Freud s'appuie sur plusieurs comparaisons, avec des instruments physiques, optiques (le microscope, le télescope, par exemple). Mais il fait aussi, à d'autres moments appel à la biologie, à la neurologie (le modèle de l'arc réflexe…). L'idée est celle d'une organisation, d'un espace et d'un temps psychiques, de lieux différenciés (notamment entre ce qui est conscient et ce qui ne l'est pas), d'assemblages de parties, de l'existence de traces psychiques, de superposition de couches, de strates (comme dans la mémoire), de mise en relation, en circulation, d'une énergie qui se transmet, se transforme, etc. Ce modèle doit pouvoir rendre compte de mouvements *progressifs* mais aussi de mouvements *régressifs*.

De plus, la notion d'appareil était couramment utilisée à l'époque où Freud met en place ce modèle. Or l'inconnu est de taille : il s'agit de trouver un modèle pour tout ce qui se passe entre le cerveau et la pensée consciente. Nous aborderons l'organisation de cet appareil à partir d'une réflexion sur un de ses moteurs, le concept de Moi.

Le Moi

Freud révolutionne la conception du Moi en mettant à mal la maîtrise, la conscience et la synthèse, attributs qui le caractérisaient. Le Moi en sort quelque peu affaibli. Freud considéra comme une des grandes blessures narcissiques de l'être humain le fait que celui-ci réalise que tant de choses lui échappent, et pas seulement de l'univers, mais surtout une grande partie de lui-même !

La tradition philosophique a fait du Moi un synonyme de la conscience, ou plus largement, de la personne humaine. Dans un premier temps Freud conserve au Moi sa qualité de siège de la conscience. Il distingue donc le conscient et le préconscient de l'inconscient (ce dernier échappant au Moi). Mais en 1920 il doit revenir sur cette notion pour rendre compte d'une situation plus complexe. Le Moi est alors une instance psychique dont une partie reste inconsciente, et dont la partie consciente est tournée vers la réalité du monde extérieur (aspect qui sera particulièrement développé par la suite par sa fille Anna Freud, et le mouvement de l'*ego psychology*, ou psychologie du moi).

Les précurseurs

Le conflit psychique

Avant Freud, Wilhelm Griesinger (1817-1869), devenu en 1860 le premier directeur du nouvel établissement psychiatrique de Zurich, le Burghölzli, est l'un des premiers psychiatres à considérer l'importance de l'activité inconsciente. Il conçoit le Moi en conflit avec des éléments inconscients du fonctionnement psychique.

Son élève Theodor Meynert sera lui-même un des maîtres de S. Freud. Il propose de considérer la dualité du Moi entre un moi primaire infantile et un moi secondaire lié à la conscience. Freud s'inspirera et de la notion de conflit psychique entre conscient et inconscient et d'une distinction entre primaire et secondaire, qu'il appliquera aux processus psychiques. Toute son élaboration théorique est fondée sur une conception conflictuelle entre le Moi et les autres instances, parties du fonctionnement psychique, d'une part, et entre le Moi et la réalité extérieure, d'autre part. Le Moi aura à développer des mécanismes de défense contre l'angoisse suscitée par ces différents conflits.

■ Le Moi, objet d'amour

Dans un premier temps Freud distinguera les pulsions du Moi des pulsions sexuelles, les premières étant tournées vers l'autoconservation de l'individu, les secondes vers l'intérêt de l'espèce. C'est avec la réflexion sur le narcissisme que Freud revient sur cette conception pour admettre que le Moi puisse être lui-même un objet d'amour, et donc investi libidinalement. Il existe bien une libido du Moi. Le Moi n'est pas seulement la médiation avec la réalité extérieure, il est lui-même objet d'amour. Auto-érotisme et narcissisme le démontrent.

Avec l'éducation, une partie du Moi devient une instance morale, par identification aux personnes ayant autorité sur l'enfant, et source d'autocritique : c'est le Surmoi. Le Moi semble justement s'être constitué à partir des identifications. Le Moi s'approprie des caractéristiques des objets perdus ou abandonnés. L'identification au père, plus largement aux figures parentales, est constitutive de l'Idéal du Moi/Surmoi. Les qualificatifs d'idéal et de « sur » marquent bien cette supériorité morale.

Freud distinguera encore le Moi idéal, comme étant l'idéalisation de sa propre personne, toute puissance narcissique infantile (pour Lacan il trouve ses racines dans le miroir, nous y reviendrons). Le Moi joue le rôle de pivot entre les excitations venues de l'extérieur, et celles venues de l'intérieur, entre les passions du Ça qui répondent au principe de plaisir et le principe de réalité.

Le cavalier et sa monture

Malgré la force physique et instinctive du cheval, le cavalier doit jouer son rôle de conducteur... C'est la métaphore que Freud propose concernant le Moi. Freud désolidarise progressivement le Moi de la conscience. Le Moi n'est plus maître chez lui ! Il lui faudra s'approprier ces forces obscures pour pouvoir les utiliser à bon escient. Une partie du Moi elle-même résiste à la conscience. Le Moi se trouve donc comme clivé avec une partie consciente et une partie inconsciente. De ce fait il participe activement à ce conflit interne. Tandis que l'on peut encore distinguer cette partie non consciente mais restée, elle, disponible, le préconscient.

Le Moi est fondamentalement lié au corps, à ses besoins, à ses systèmes perceptifs. Il se retrouve donc à devoir « servir trois maîtres » : le Ça, le Surmoi, et la réalité du monde extérieur. Cette proximité du Moi avec la part inconsciente du fonctionnement psychique s'observe, par exemple, lorsque pris dans une activité intellectuelle, il se trouve que la solution que nous cherchions nous vienne soudainement dans le sommeil, en rêve, ou bien encore au cours d'un état de flottement, de rêverie diurne, par exemple.

Le dessin d'André

Dans le cadre d'une recherche, il est demandé à André, professionnel responsable d'une structure de soin de faire le schéma de cette institution. André s'applique à représenter les équipes et les différents lieux impliqués, il ajoute en bas de la page, à gauche, une bulle nommée « bureaux » pour représenter le pôle administratif. Il finit son schéma en mettant des flèches entre les différents éléments pour indiquer les relations concernées. Il est alors significatif qu'il oublie de relier la bulle « bureaux » à l'ensemble, celle-ci reste donc isolée dans le coin de la page, sans aucune flèche.

En quoi cet oubli est-il significatif ? Il signe, dans ce cas, les difficultés de relations entre les acteurs du soin et les rouages administratifs. L'ambivalence d'André se manifeste ici entre le souci que tout fonctionne bien et le risque de bureaucratisation, risque perçu d'un pouvoir du pôle administratif jugé trop fort.

Ludwig Binswanger, l'analyse existentielle

Psychiatre suisse, Ludwig Binswanger (1881-1966) appartient à une famille de psychiatres sur plusieurs générations, qui fonda près du lac de Constance la célèbre clinique psychiatrique de Bellevue, à Kruzlingen. (Freud lui-même y enverra certains de ses patients.) Fidèle à cette tradition, il étudie la philosophie et la médecine, est assistant d'E. Bleuler, et entreprend une thèse sur les associations verbales avec C. G. Jung. Ludwig Binswanger s'enthousiasme pour la pratique psychanalytique avant de prendre un peu de recul. Il garda malgré tout une relation amicale avec Freud. Adepte de la phénoménologie de Husserl et Heidegger, il crée finalement sa propre méthode thérapeutique, l'analyse existentielle. Celle-ci porte le travail clinique sur la structure de l'existence, le devenir du temps, de l'espace et de la représentation chez le sujet.

Des ouvrages de cet auteur nous citerons : *Rêve et existence* (1930), Desclée de Brouwer, Paris, 1954 ; *Le cas Suzanne Urban. Étude sur la schizophrénie* (1952), Desclée de Brouwer, Paris, 1957 ; *Introduction à l'analyse existentielle*, Éditions de Minuit, Paris, 1971.

« Wo es war soll ich werden » (Où était le Ça doit advenir le Moi)

Cette formule de Freud rend bien compte de ce caractère de conflit et de combat entre le Moi conscient et le reste du fonctionnement psychique. La psychanalyse offre la possibilité de prendre soin du Ça pour dégager, libérer le Moi d'une partie de ses défenses devenues inutiles.

L'inconscient ne se définit plus simplement par ce qui n'est pas conscient (le préconscient freudien), il est le produit d'une activité psychique conflictuelle, dynamique, incessante, indispensable au bon fonctionnement psychique. L'objectif ne peut donc être simplement de supprimer l'inconscient. L'inconscient n'est pas non plus la source des pathologies, il est un rouage du fonctionnement psychique normal. Mais il peut prendre une place et une importance excessives jusqu'à déborder les capacités de contenance du Moi. C'est le cas dans les pathologies névrotiques et, plus encore, dans la psychose.

Le principal processus constitutif de l'inconscient au sens freudien est le refoulement. Et c'est l'objectif de la technique psychanalytique que de lever le refoulement d'une partie du matériel inconscient, de permettre à la conscience de le réintégrer. Pour cela il faut tout d'abord arriver à vaincre les résistances que le Moi oppose au retour de ce matériel.

Hamed, le jour du baccalauréat

Hamed va passer son bac. Au jour J il ne se réveille pas ! Il est donc obligé de se réinscrire en terminale. L'année d'après il se réveille bien, prend son scooter pour rejoindre le lieu des épreuves mais, en chemin, il a un accident. Il ne pourra donc passer l'examen.

Malchance direz-vous ? Cette répétition interroge sur le désir de Hamed par rapport à cette situation, sur le sens qu'elle a pour lui. Dans de telles circonstances, on peut avoir l'impression que c'est plus fort que nous… L'objet de l'analyse est alors ce qui là, justement, nous échappe, tout en étant partie de nous-même.

Le Surmoi ou Idéal du Moi

Il est l'héritier du complexe d'Œdipe, de ce moment identificatoire essentiel du développement de l'être humain, et résulte de la nature bisexuelle de l'individu. L'identification au père ou à la mère, au cours de ce complexe, dépend ainsi des dispositions sexuelles féminines et/ou masculines de l'individu. Pour être ainsi idéalisée la figure d'autorité, la figure paternelle est sublimée et ne bénéficie plus de l'investissement libidinal, c'est ainsi que l'on peut arriver au cas de figure où la pulsion destructrice est seule aux commandes d'un Surmoi dictateur… Le Surmoi, conscience morale, se traduit en injonctions, interdictions encore renforcées par l'instruction religieuse, l'apprentissage social, l'enseignement, les figures de l'autorité rencontrées au cours de l'éducation. Il est ainsi à l'origine du sentiment de culpabilité.

Le conflit psychique n'est donc plus seulement entre le Moi et les pulsions, le Ça, mais entre le Moi, force d'adaptation à la réalité extérieure, et le Surmoi constitué de ces exigences intériorisées au cours de l'histoire de l'individu. Dans certains cas ce processus d'intériorisation peut ne pas réussir comme, par exemple, chez certains criminels qui semblent n'avoir aucun sens moral. Le Surmoi a tendance à s'opposer au Moi, gardant ainsi la force de domination qui correspondait à l'état du jeune enfant, faible et totalement dépendant de son environnement. Le Surmoi continue de mettre la pression…

Il peut ainsi y avoir résistance au progrès et au bien-être personnel, voire même résistance à la guérison, par un sentiment de culpabilité maintenu par le Surmoi et qui interdit de trouver du plaisir, oblige à maintenir la souffrance comme punition nécessaire. Toutefois le sujet n'est pas lui-même conscient de ce mécanisme. Dans la névrose obsessionnelle, par exemple, le Surmoi agit avec une sévérité impitoyable, mais le Moi cherche à s'en défendre, tandis que l'hystérique n'a pas conscience d'un tel sentiment de culpabilité. Dans le cas typique de la mélancolie le sujet est totalement dominé par le sentiment de culpabilité, et la pulsion destructrice, la pulsion de mort, peut le conduire jusqu'à l'autodestruction.

Les lieux psychiques

Freud met ainsi en place un modèle du fonctionnement psychique sous la forme de plusieurs instances distinctes que l'on pourrait se représenter dans des espaces différents, d'où le terme de topique (conception des lieux psychiques) utilisé par lui et ses successeurs. C'est tout d'abord la distinction relative au niveau de conscience : le conscient, le préconscient et l'inconscient. Puis, réalisant que l'inconscient est difficile à circonscrire de cette façon, il propose sa deuxième topique (en 1920) qui distingue des instances en conflit : le Moi, le Surmoi et le Ça, en conflit entre elles, mais aussi avec la réalité extérieure. Le Moi étant l'instance régulatrice entre l'intérieur (et les exigences pulsionnelles) et l'extérieur, la nécessaire adaptation à la réalité.

Pulsion et libido

L'être humain est divisé entre sa propre individualité, son unicité, et son appartenance à la société, au service de l'espèce. Il est de ce fait habité par des poussées, dans un sens ou dans l'autre, ou pulsions conflictuelles. La pulsion, notion utilisée par Freud, ne doit pas être confondue avec l'instinct, car elle marque justement, dans son esprit, la différence avec l'instinct animal. Ce terme de pulsion désigne une poussée. Cette notion était déjà utilisée en psychiatrie avant Freud, notamment à propos de la sexualité. Les premiers psychiatres observaient déjà l'importance des pulsions sexuelles dans la maladie mentale, et l'angoisse produite par leur insatisfaction. De même, du côté des philosophes, Nietzsche, d'ailleurs cité par Freud, a insisté dans son œuvre sur les conflits pulsionnels comme sur les instincts.

Pulsion

Pulsion, libido et narcissisme sont trois concepts interdépendants, bases de la théorie freudienne de la sexualité. Très tôt dans ses recherches Freud observe qu'il y a deux sources d'excitation, l'une nous vient de l'extérieur, l'autre de l'intérieur. À la première nous pouvons réagir selon le caractère agréable ou pas, selon le bénéfice que nous en attendons, en acceptant, en utilisant, voire en recherchant ces excitations, mais aussi, à l'inverse, en les évitant, en nous en détournant pour les fuir. En revanche, lorsque ces excitations sont ressenties à l'intérieur de l'individu il ne peut pas les fuir ! Il est donc plus difficile de s'en défendre et parfois aussi plus difficile de les maîtriser (l'excitation peut nous déborder). Il en est donc ainsi des pulsions sexuelles. Nous pouvons être attiré par une certaine personne, et, selon le cas, chercher à s'en rapprocher ou, au contraire, vouloir l'éviter. Pourtant, il peut être bien plus difficile de faire face à l'excitation ressentie dans son propre corps et dans son propre imaginaire (ses fantasmes).

C'est en 1905 que Freud utilise le terme de pulsion pour démarquer le psychique et le somatique : il y a l'excitation somatique sexuelle et ce qu'elle suscite au niveau psychique (représentation, fantasme). La première est ponctuelle tandis que la seconde prolonge ses effets dans le temps, s'associe à d'autres situations, etc. À ce niveau, la notion d'instinct est insuffisante, il propose donc celle de pulsion.

Les caractéristiques de la pulsion

Ce sont : *la poussée*, c'est-à-dire la mise en mouvement de l'activité psychique ; *le but* qui, dans tous les cas est la satisfaction, c'est-à-dire la suppression de l'excitation ; *l'objet* qui est le moyen d'atteindre la satisfaction, et *la source*, l'organe, le substrat somatique. Comme on l'a déjà évoqué, l'objet de la pulsion peut être très variable, contrairement à l'instinct animal (qui a une relative fixité), l'objet de la pulsion sexuelle peut, chez l'être humain, se rapporter à une personne, un organe, ou encore un objet comme, par exemple dans le fétichisme.

Différentes sortes de pulsions

Freud distinguera, dans un premier temps, les pulsions d'autoconservation ou pulsions du Moi des pulsions sexuelles. Les unes répondent au principe de réalité, au service de la survie de l'individu ; les autres répondent au principe de plaisir, et sont au service de l'espèce, de la procréation. Plus tard il observe que la pulsion sexuelle peut aussi s'exercer sur le Moi, c'est-à-dire le prendre comme objet. Il doit donc encore distinguer deux parties de la libido, la libido du Moi et la libido d'objet (investie sur des objets extérieurs à l'individu). Enfin, à partir de 1920, frappé par les forces psychiques destructrices dans le masochisme ou la mélancolie, en particulier, il considère l'existence de deux sortes de pulsions, les pulsions de vie et les pulsions de mort.

Cette nouvelle distinction ne recouvre pas l'opposition précédente entre pulsions du moi, d'autoconservation, et pulsions sexuelles. Elle démarque plutôt ce qui, dans cet ensemble correspondrait à une face tournée vers la vie, et une autre poussée à l'agression, à la destruction, fut-elle l'autodestruction comme, justement, dans la mélancolie, par exemple. Cette dernière face serait peut-être même plus originaire. Freud est ici influencé par ce qu'il observe de l'importance de la répétition dans la pathologie, répétition des situations, des comportements, retour à un état antérieur, sous la forme d'une sorte de compulsion qui peut aller jusqu'au retour aux origines, à la non-vie.

Satisfaction ou défense

Si l'issue souhaitée de la pulsion est la satisfaction, le psychisme s'accommode des difficultés rencontrées, ou se défend de la poussée pulsionnelle de quatre façons principales :

- le renversement de la pulsion en son contraire : c'est ce que l'on observe dans le rapport entre sadisme et masochisme, mais aussi dans cet autre couple que constituent le voyeurisme et l'exhibitionnisme. Le sadique peut ainsi se révéler poussé par des pulsions masochistes, et inversement. De même le voyeur peut être poussé par une pulsion exhibitionniste et inversement. Le retournement peut encore porter sur le contenu c'est-à-dire que l'amour devient haine et inversement ;
- on observe aussi le retournement de la pulsion sur la personne propre (libido du moi) ;
- il y encore la possibilité centrale du refoulement, c'est-à-dire du rejet actif des représentations de la pulsion non recevables par le Moi jusqu'à les rendre inaccessibles, dans l'inconscient ;
- enfin, il y a une forme de dégagement cette fois dans la mesure où il ne s'agit pas seulement d'un évitement, mais d'un changement de but, la satisfaction étant trouvée dans un objet qui n'est plus sexuel (travail, objet culturel, expérience artistique, etc.). C'est ce qu'on appelle la sublimation.

À la fin de sa vie Freud considérera cette grande réflexion sur la notion de pulsion comme une sorte de mythologie qui a pour fonction de tenter de rendre compte des parts obscures du fonctionnement psychique, notamment de la sexualité humaine. C'était encore souligner que ce travail de théorisation, de modélisation, constitue un « outil pour penser » toujours en élaboration.

Libido

Le terme *libido* a d'abord été utilisé par les fondateurs de la sexologie pour désigner l'énergie de l'instinct sexuel. Freud reprend ce mot en le démarquant, au contraire, de l'instinct pour mettre en valeur la dimension psychique qui caractérise la sexualité humaine. C'est en 1905 qu'il met en place les bases de sa théorie de la sexualité dans un ouvrage qui s'intitule *Trois essais sur la théorie sexuelle*.

Ce terme désigne l'énergie qui est à la base des transformations de la pulsion sexuelle observées dans la pratique clinique. C'est-à-dire que l'objet de cette pulsion n'étant pas absolument l'organe sexuel, la pulsion se porte, par déplacement, sur tout autre objet. De même, la source de la pulsion n'est pas unique, elle correspond aux différentes zones d'excitation, les zones érogènes. Enfin, le but lui-même visé par la pulsion qui est la satisfaction sexuelle, peut être détourné sur des activités intellectuelles, artistiques, sur le travail, etc. Dans ces cas il y a une forme de désexualisation. Ces observations montrent la souplesse du fonctionnement sexuel humain, à l'opposé de l'instinct animal.

Un concept élargi

Pour rendre compte de cette mobilité Freud a élargi la conception de l'énergie sexuelle en utilisant le terme libido ou énergie libidinale. Freud utilise le terme de libido dans un sens large désignant ainsi tout ce que l'on met sous le nom d'amour, depuis la sexualité jusqu'à l'amour de la nature, d'un objet, ou encore, de manière plus abstraite, l'amour de la beauté...

Dans certaines conditions, cette dimension psychique est inopérante, la tension physique non élaborée psychiquement se manifeste alors sous la forme de symptômes physiques ou d'angoisse. Freud distingue la libido du Moi, manifeste dans le narcissisme en particulier, et la libido d'objet (qui se porte sur un objet extérieur au sujet), l'une pouvant se développer au détriment de l'autre (comme dans la psychose où la libido se trouve toute centrée sur le Moi). La libido du Moi est la première à se développer chez l'enfant, avant qu'une partie de cette énergie puisse être portée sur des objets (personnes, choses) du monde extérieur.

Jung ira encore plus loin en détachant cette énergie de sa source sexuelle pour la rapprocher d'une énergie cosmique. À l'opposé on sait que W. Reich et la bioénergie resteront centrés sur la notion d'énergie sexuelle, et de ce fait plus proche de la sexologie de son temps. On reviendra plus loin sur cet auteur.

Carl Gustav Jung, la psychologie analytique

Jung (1875-1961) fut l'un des premiers et des plus importants disciples de Freud. D'origine suisse, il était d'une famille de pasteurs protestants et sa mère s'intéressait au spiritisme. Il devint psychiatre, spécialiste des psychoses, et produisit une œuvre très abondante, mal connue en France, mais développée en Suisse, en Grande-Bretagne, aux USA, en Italie et au Brésil.

Fils spirituel de Freud

Après ses études de médecine Jung fut l'assistant de Bleuler à la clinique du Burghölzli à Zurich, il soutint sa thèse sur le cas d'un médium. Il vint à Paris pour suivre l'enseignement de Pierre Janet. Il prit contact avec Freud par l'intermédiaire d'un article qu'il écrivit sur le test des associations d'idées. Il s'enthousiasma pour l'aventure psychanalytique, même si sa culture et ses positions personnelles étaient quelque peu éloignées de celles de Freud. Ce dernier comptait sur Jung pour l'ouverture de la psychanalyse au-delà du milieu juif, et l'extension de sa pratique au monde de la psychose. Freud appréciait notamment la culture anthropologique de Jung et partageait avec lui l'intérêt pour tous les phénomènes psychiques inexpliqués, comme l'occultisme (la transmission de pensée, la télépathie, etc.). Freud le considérait déjà comme un fils spirituel. C'est d'ailleurs Jung qui fonda, en 1907, la Société Sigmund Freud de Zurich. En 1910 il fut élu premier président de l'Association Psychanalytique Internationale. Pourtant, dès 1913 c'est la rupture entre les deux hommes. Les désaccords touchent au fondement de la psychanalyse, Jung demande à Freud de la désexualiser !

L'inconscient collectif

Jung crée alors sa propre voie « la psychologie analytique » pour la distinguer de la psychanalyse. En désaccord avec l'importance donnée par Freud à la sexualité, il considéra aussi que, d'une certaine façon, Freud n'était pas allé suffisamment loin dans sa conception de l'inconscient. Il proposa de distinguer l'inconscient individuel (produit de l'histoire individuelle du sujet) de l'inconscient collectif considéré comme un ensemble de figures imaginaires et de structures archaïques, les archétypes (l'*anima*, image du féminin, l'*animus*, image du masculin, mais aussi ces figures des mythologies et des contes, comme la sorcière, le fantôme, l'ogre, et même les divinités), appartenant aux cultures, et héritées d'une façon ou d'une autre par chaque individu. L'analyse devrait donc porter sur chacun de ces deux niveaux. L'inconscient collectif précédant l'inconscient individuel, il se trouve que dans certaines pathologies, comme la psychose, il ne permet pas le développement de ce dernier, c'est-à-dire la mise en place du processus d'individuation. L'analyse, dans ce cas, devra travailler sur le dégagement indispensable du collectif pour assurer les bases d'une existence propre.

Jung fut par ailleurs accusé d'avoir pris des positions antisémites.

Parmi ses œuvres on citera : *Dialectique du moi et de l'inconscient* (1958), Gallimard, Paris, 1964 ; *La guérison psychologique* (1929-1934), Buchet-Chastel, Paris, 1954 ; *L'homme à la découverte de son âme* (1931-1948), Albin Michel, Paris, 1987 ; *Psychologie et religion* (1938-1940), Buchet-Chastel, Paris, 1985 ; *Ma vie* (1961), Gallimard, Paris, 1966.

Une sexualité infantile

C'est à partir de 1898 que Freud considère l'existence d'une sexualité infantile. Il note le décalage entre ce développement précoce de la sexualité et la maturité tardive des organes sexuels. Il est, en effet, d'observation courante que le jeune enfant se montre curieux des organes sexuels, des conduites de ses parents, etc. L'observation faite par un des disciples de Freud, à propos de son propre fils, le petit Hans, sera l'occasion du développement de la théorie sur la sexualité infantile qui fit scandale dans certains milieux, sortant l'enfant du mythe de l'angélisme. Freud est frappé par l'amnésie que l'on peut généralement observer chez l'adulte qui ne garde que très peu de souvenirs de cette période.

Le petit Hans

Le petit Hans avait cinq ans en 1908. Freud n'avait pas d'enfants dans sa clientèle mais il put aborder les problèmes du petit Hans par l'intermédiaire du père de l'enfant, Max Graf, musicologue, membre du groupe du mercredi. Cet homme très intéressé par la psychanalyse et bénéficiant de l'expérience de son épouse, alors en analyse chez Freud, prend note des comportements de son fils, et ce dès l'âge de trois ans, afin de rapporter ses observations à Freud.

La découverte de la sexualité

Il constate, notamment, chez l'enfant, une préoccupation concernant ce qu'il appelle le « fait-pipi » dont il recherche la présence sur les personnes des deux sexes, les animaux, mais aussi les objets qui l'entourent. Lorsqu'il lui arrive de toucher au sien, il est grondé, menacé par sa mère. La naissance d'une petite sœur, Anna, vient bouleverser son univers. Hans se laisse raconter la fable de la cigogne qui livre les bébés, même si celle-ci contredit ses propres observations.

Au bout de quelques mois Hans observe qu'Anna a un fait-pipi tout petit, il se rassure, et la rassure, alors avec l'idée qu'il grandira. Il devient par la suite amoureux d'une petite fille et veut l'inviter à dormir dans son lit. Il lui arrive aussi à cette période de s'exhiber.

La phobie

Mais voilà que Hans devient malade. (Son père retranscrit précisément tous les échanges qu'il a avec son fils pour en reparler avec Freud qui lui donne des indications précises pour mener la cure de l'enfant.) Hans rêve que sa mère est partie... Il a maintenant peur de sortir, il refuse d'aller se promener, et explique son comportement par le fait qu'il a peur qu'un cheval le morde. La tendresse qu'il portait à sa mère se transforme en angoisse. Celle-ci se portera sur un objet substitut, le cheval. C'est le point de départ d'une véritable phobie qui s'étend bientôt à tous les animaux.

La cure

C'est alors que le père amène Hans en consultation chez Freud, ce dernier lui explique qu'il a peur de son père parce qu'il aime sa mère. Cette entrevue calme l'enfant qui, par la suite, pourra retrouver le souvenir de l'accident réellement survenu à des chevaux dans la rue et dont il avait été le témoin : l'un des chevaux était tombé mort (situation dont la réalité est confirmée par sa mère). C'est alors l'ouverture à une suite d'associations sur ce thème. Comme pour le cheval, Hans avait fantasmé la mort de son père, ce qui lui permettait de récupérer sa mère pour lui (d'éliminer le rival dans l'amour qu'il portait naturellement à sa mère). L'analyse progressa, mais d'autres peurs apparurent dont celle du plombier et de la baignoire. Freud est alors sur la piste d'un fantasme lié à la procréation (Hans montrant un intérêt particulier pour ce qui sort du corps, les fèces lors de la défécation, notamment). Hans attend finalement du plombier qu'il lui remplace son fait-pipi par un plus grand, ce que Freud considère comme l'expression du complexe de castration, et donc situe la sortie de l'Œdipe proprement dit.

Qui est Hans ?

Le petit Hans fut, depuis, identifié comme étant Herbert Graf qui fit une brillante carrière de metteur en scène d'opéras, mais, tourmenté par des conflits conjugaux, il reprendra plus tard une analyse (marquée par les conflits et le divorce de ses parents).

Besoin et plaisir

La sexualité infantile se développe à partir de pulsions dites partielles car elles n'engagent pas tout le corps, non plus que l'organe sexuel, dans la mesure où l'appareil sexuel n'est pas encore fonctionnel. Ces pulsions partielles sont liées à certaines fonctions corporelles essentielles pour les besoins physiques de l'individu : le nourrissage, l'élimination, en particulier. Freud observe que les zones corporelles correspondantes (la bouche, l'anus, le « fait-pipi ») sont particulièrement investies par l'enfant. Le besoin une fois assouvi, il reste le plaisir fonctionnel (qui excède donc le besoin). Ainsi la première pulsion partielle à se développer est celle qui est liée à l'allaitement, à la relation au sein (ou son substitut). La succion produit la satisfaction du besoin alimentaire, mais on observe que le bébé prolonge cette fonction au-delà de sa faim, y prend un plaisir dérivé. La zone de la bouche, des lèvres est à ce moment source d'un plaisir pulsionnel, se développe en zone érogène. Il en sera de même pour l'autre extrémité du corps, et le plaisir pris avec les fèces. Ce sont là les deux objets partiels qui ont une place fondamentale dans la sexualité infantile. Toutes deux très précisément liées au départ à la satisfaction d'un besoin physique, elles sont le témoignage de la part que le psychique prend au somatique. Dans un second temps la pulsion partielle pourra être activée pour elle-même en l'absence du besoin, sous la forme d'un plaisir auto-érotique, lui-même fondement du narcissisme (l'enfant sucera des objets, jouera avec les excréments, etc.). Ces zones érogènes garderont leur importance à la maturité sexuelle comme composantes de la sexualité adulte.

Luc et Marion se marient

La veille du mariage, Luc et Marion invitent les amis pour une soirée. La famille de Luc, d'un milieu aisé, offre cette réception dans le salon de leur belle maison de campagne située au milieu d'un immense parc avec une butte. Vers la fin de la soirée, Luc se tourne tendrement vers Marion et lui chuchote *« Je t'emmène faire le tour de ma b... butte. »* La vulgarité a fait effraction dans ce milieu très policé, le désir sexuel n'a pu se contenir dans les bonnes manières.

Le désir

Le désir est un concept central en psychanalyse. De façon générale ce mot désigne l'attrait sexuel ou spirituel pour un objet. Il prend communément les formes de l'appétit, du souhait, de la convoitise, etc. Dans la théorie freudienne le désir est l'accomplissement d'un souhait inconscient. Il se manifeste en particulier dans les rêves, à la faveur de la levée partielle du contrôle volontaire et de la censure (aux origines culturelles, sociales, religieuses, familiales...). Il se distingue du besoin, ce dernier étant assouvi directement, comme avec la nourriture, tandis que le désir est lié à une représentation, à des souvenirs, qui se sont trouvés associés à une expérience de satisfaction.

Lacan a renforcé cette distinction en la complétant par une autre notion, celle de *demande* distinguée du *besoin*. La demande est demande d'amour (c'est toujours ce que l'enfant en nous réclame). Le désir naît de l'écart entre le besoin (pôle physique) et la demande d'amour (pôle psychique), il est lié au fantasme et donc à l'imaginaire.

Une réalité psychique : le fantasme

Distinguer une réalité psychique de la réalité matérielle et montrer son importance déterminante pour l'être humain, c'est ce que la théorie psychanalytique a réalisé, en dégageant, notamment, la place de la dimension fantasmatique. Le terme de fantasme est très important, il représente la recherche de Freud pour rendre compte d'une réalité autre que matérielle, la réalité psychique, interne à l'individu. Cette dernière prend une place tout à fait particulière dans certaines pathologies. C'est d'ailleurs ce qui a permis de l'étudier plus précisément.

Le fantasme c'est donc la réalité psychique, la vie imaginaire ou encore la vie fantasmatique. Ce mot est lié étymologiquement au monde imaginaire. Le fantasme est une scène à plusieurs personnages dans laquelle le sujet se trouve lui-même représenté, scène organisée, qui figure de façon plus ou moins directe la réalisation d'un désir. Il existe des fantasmes conscients comme les rêveries diurnes, les fictions ou fantaisies (conscientes ou préconscientes), comme aussi des fantasmes inconscients auxquels l'analyse peut donner accès. Les fantasmes sont à l'origine des rêves.

Séduction réelle ou fantasme de séduction

Ainsi le débat sur la question du traumatisme sexuel, entre la reconnaissance d'une séduction exercée par un adulte sur l'enfant, et la reconnaissance de la production fantasmatique de l'enfant liée à son désir inconscient, oscillant d'une position à l'autre selon les périodes de l'histoire de la psychanalyse et selon les auteurs, souligne la difficulté d'articuler ces deux aspects : part de la réalité objective (partagée avec les autres) et de la réalité subjective (propre au sujet). Freud lui-même est passé d'une attention portée à la recherche du traumatisme vécu dans l'enfance, qu'il supposait être à l'origine de la névrose, à la considération de l'après-coup, c'est-à-dire à la reconstruction que fait l'individu de son histoire et, en conséquence, de l'impossibilité de savoir ce qu'il en a été dans la réalité. Traumatisme réel ou fantasme ? La question était donc posée. Une façon d'y répondre était de considérer que la psychanalyse travaille avec la réalité psychique, en conséquence, dans ce cadre, c'est avec le fantasme que le contact et le travail peuvent se faire. Et encore, plus généralement, on peut penser que la sexualité a, pour l'enfant, une dimension traumatique, dans la mesure où elle intervient dans un psychisme qui n'a pas la maturité pour l'interpréter et l'intégrer. De ce point de vue l'excitation elle-même est source d'effraction psychique.

Le roman familial

Un de ces scénarios fantasmatiques est le roman familial. Il est fréquent que l'enfant imagine un jour que ses parents ne sont pas ses vrais parents, il s'invente alors une filiation beaucoup plus prestigieuse. Ou bien encore si lui se reconnaît bien comme l'enfant de ses parents, en toute légitimité, il imagine que ses frères et sœurs ne sont eux que des bâtards ! L'enfant invente ainsi le récit d'une autre famille, une famille qui réponde pleinement à ses désirs, et particulièrement à son désir de toute-puissance. Ce besoin d'échapper à la réalité de son cadre familial se fait spécialement sentir au moment, justement, de l'Œdipe, lorsque la rivalité sexuelle se manifeste.

Ceci constitue d'ailleurs le thème de mythes et de légendes. Ces fantasmes communs aux humains seraient donc comme des schèmes inconscients, voire transmis héréditairement. Ce sont les fantasmes dits originaires. Otto Rank s'est particulièrement intéressé à ces légendes. Il a montré que l'enfance de beaucoup de héros fondateurs comme Œdipe, Moïse, Romulus, le Christ, etc., comporte un récit d'enfant abandonné à la naissance, et/ou recueilli, une filiation troublée à la base. Le plus souvent on observe un décalage social entre les deux familles.

Ainsi on peut observer que ce thème, né chez Freud de situations cliniques, a des résonances dans les domaines de l'anthropologie et de la littérature, par exemple, *Moïse sauvé des eaux*, *Le Petit Poucet*, etc. Mais, dans les cas cités, les mythes présentent la situation inverse à celle imaginée par l'enfant : alors que dans le roman familial c'est l'enfant qui veut se débarrasser de sa famille, dans ces légendes ce sont les parents qui abandonnent l'enfant. L'agressivité se manifeste ainsi aussi bien d'un côté que de l'autre. Et l'enfant peut projeter la sienne sur ses parents.

Les fantasmes originaires

Ce sont des fantasmes communs, universaux. À côté des fantasmes propres à un individu, liés à son histoire singulière, on retrouve ces fantasmes dits originaires car ils représentent des scènes des origines : le rapport sexuel des parents, la castration, la séduction.

Dans sa recherche sur l'origine des névroses, Freud pense d'abord à des scènes vécues de façon traumatiques dont il s'agirait de retrouver le souvenir. Il passe plus tard à cette notion de fantasme qui donne une place prépondérante à la réalité psychique. Il considère l'aspect structurant des fantasmes originaires qui tentent de répondre aux questions fondamentales de l'humanité. Ainsi chacun de ces fantasmes est-il associé à une de ces énigmes : la scène originaire (le coït parental) figure l'origine du sujet, le fantasme de séduction l'origine de la sexualité, le fantasme de castration celle de la différence des sexes.

Le fantasme a un rôle de passeur

On retrouve le fantasme aux différents niveaux de conscience : conscient, préconscient (ou subliminal) et inconscient. Ces deux derniers niveaux participent à l'élaboration du rêve. Le fantasme assure passage, correspondance entre ces niveaux. Il est présent du rêve au symptôme, dans toutes les productions de l'inconscient. Mis en place à partir des premières expériences de satisfaction, il est fondamentalement lié au désir. Pourtant, dans son contenu on trouve des traces des mécanismes de défense, c'est-à-dire que même à ce niveau le désir ne peut s'exprimer directement.

Il existe donc, dans la réalité psychique, des structures communes, quelles que soient les réalités matérielles des histoires individuelles. Nous n'avons accès à cette réalité extérieure, matérielle, que par notre corps, notre psychisme. Il est donc très important de s'assurer de leur bon fonctionnement, mais il est certain que nous n'avons pas de connaissance plus directe de notre environnement.

Christine, un secret de famille

Christine et deux jeunes frères n'ont pas été mis au courant mais, lorsqu'ils ont été placés chez la nourrice, c'était parce que leur père était emprisonné, suite à des vols. Mais, depuis, Christine, l'aînée, est mutique. La vie quotidienne devient très difficile pour la famille d'accueil avec cette fillette au visage fermé, inexpressif, et qui se refuse à toute parole. Plusieurs semaines se passent ainsi. Ils font finalement appel à la psychologue. Ce n'est qu'à la suite de plusieurs entrevues que Christine accepta de prendre un crayon et commença à dessiner, sans hésitation, des pierres qui finirent par faire un bâtiment. Ce dernier eut bientôt quelques ouvertures immédiatement recouvertes... de barreaux ! Finalement, derrière des barreaux, une silhouette apparut...

Tout cela fut dessiné dans un silence de plomb, lentement, avec énormément de concentration, pierre après pierre, barreau après barreau. C'est alors que la psychologue commença à commenter le dessin (Christine refusait toujours de parler) et finit par faire le rapprochement avec la situation de Christine. Cette dernière retrouva la parole. Christine ne savait pas avec les mots mais avec le cœur elle était restée proche de ce père figé dans le silence.

Complexe d'Œdipe et complexe de castration : deux complexes organisateurs

D'où vient la notion de complexe ? C'est le psychiatre allemand Theodor Zieher qui a utilisé le premier la notion de « complexe ». Celle-ci a pris une importance particulière dans l'œuvre de Carl Gustav Jung, pour désigner des groupes d'éléments, de contenus psychiques, détachés du conscient, mais restés actifs dans l'inconscient. Freud en a distingué deux, le complexe de castration et le complexe d'Œdipe et leur a donné une valeur structurante essentielle dans le développement psychosexuel de l'enfant.

Le complexe d'Œdipe

Freud a repris certains éléments du mythe grec, y trouvant un renforcement culturel pour ses observations cliniques. Le complexe d'Œdipe défini par Freud est lié à deux grands principes de sa théorie, la bisexualité de l'être humain, d'une part, l'universalité de l'interdit de l'inceste, d'autre part. C'est en effet Freud qui a proposé de s'appuyer sur le mythe d'Œdipe, personnage créé par Sophocle, comme métaphore du conflit psychique lié à la sexualité humaine.

Une situation spontanée devenue d'observation courante depuis qu'on y prête attention chez les jeunes enfants, entre deux et cinq ans : le désir amoureux de l'enfant pour le parent de sexe opposé associé à l'hostilité pour le parent de même sexe, particulièrement net chez le garçon.

Le complexe d'Œdipe est donc l'ensemble des tendances amoureuses et hostiles de l'enfant à l'égard de ses parents. Il est conçu comme une phase essentielle du développement sexuel. Après ce premier temps d'expression, on observe une période plus discrète à ce sujet et, de façon générale quant à la sexualité, dite période de latence, qui correspond à la scolarité primaire, à la socialisation, aux apprentissages de base. C'est à la puberté que cette représentation est ravivée par la maturation physique. Se pose alors la question du choix d'objet, le remaniement de la relation aux parents. Le complexe d'Œdipe a cette place fondamentale dans la psychanalyse car il représente la problématique des relations de l'homme à ses origines, familiales et humaines, sociétales.

■ Le mythe d'Œdipe en trois oracles

Œdipe est fils de Laïos et de Jocaste. Nous présenterons ici ce mythe, en résumé, à partir des trois oracles qui l'organisent.

Premier oracle

Le dieu Apollon a prédit, dans un oracle, que Laïos serait un jour tué par son propre fils. Aussi Laïos prend-t-il soin de se séparer de son fils en l'abandonnant. Il confie cette démarche à un serviteur. Mais celui-ci préfère confier l'enfant à un berger qui, lui-même, trouvera à le donner à Polype, roi de Corinthe et à son épouse. Ce couple donne à l'enfant le nom d'Œdipe, ce qui signifie pieds gonflés, correspondant à l'état dans lequel l'enfant leur est arrivé. Ils élèvent Œdipe comme leur propre enfant. En grandissant, Œdipe entend dire qu'il ne serait pas le fils de ce couple.

Deuxième oracle

Il se rend à Delphes pour consulter l'oracle à ce sujet. Ce dernier lui répond qu'il tuera son père et épousera sa mère. Pour échapper à ce destin Œdipe s'enfuit. Sur la route de Thèbes il croise Laïos qu'il ne connaît pas, se dispute avec lui et le tue. Dans cette même ville il fut le seul à pouvoir répondre à la Sphinge, monstre féminin qui terrifiait les habitants de cette ville, provoquant la mort de celle-ci. En récompense Œdipe reçut pour femme la propre sœur du roi de Thèbes, c'est-à-dire Jocaste ! Il a avec elle deux fils et deux filles. Mais un jour la peste et la famine s'abattent sur la ville.

Troisième oracle

L'oracle annonce alors que pour retrouver la tranquillité il faut chasser le meurtrier de Laïos. Œdipe découvrira alors sa vérité : il est coupable à la fois de parricide et d'inceste ! Il se crève les yeux et s'exile, tandis que Jocaste se pend.

La référence à ce mythe est présente dans toute l'œuvre de Freud dont elle constitue une trame. Freud l'associe au désir infantile incestueux, à son universalité, d'où vient que le mythe concerne l'humanité en général. Car chaque individu a été un jour un Œdipe en imagination, fantasmant tuer son père, s'en débarrasser pour prendre sa place auprès de la mère, s'assurer de l'exclusivité de l'amour de cette dernière. C'est aussi ce qui explique l'abondance de la littérature écrite sur ce thème dans le monde.

Le complexe d'Œdipe est contemporain de la curiosité sexuelle infantile, de la différence des sexes. Il apparaît dans la tendresse manifestée pour un parent et associée à l'hostilité pour l'autre parent (situation qui peut s'inverser). Le garçon qui est amoureux de sa mère et donc hostile à son père pourra aussi, à d'autres moments, manifester une tendresse pour ce dernier et de l'agressivité vis-à-vis de sa mère. Mais un des pôles sera privilégié. Il n'existe pas de symétrie directe entre la situation du garçon et celle de la fille. Mais, dans les deux cas, c'est d'abord la mère qui est l'objet de la tendresse.

Chez le garçon

Le complexe d'Œdipe s'efface devant le complexe de castration, c'est-à-dire le moment où il prend conscience que son père est un obstacle à la conquête de la mère, à la réalisation de son désir. Le garçon réalisera à ce moment qu'il peut s'identifier à son père, chercher à devenir comme lui, pour plus tard jouir de ses mêmes privilèges auprès d'une femme.

Chez la fille

La situation est plus complexe. C'est en effet la découverte des effets de la castration, de la différence des sexes, et l'envie du pénis qui fait entrer la fille dans le complexe d'Œdipe, la détournant de l'amour qu'elle portait à sa mère (découvrant que celle-ci ne l'a pas pourvue de cet organe), pour s'attacher au père en imaginant de pouvoir, comme sa mère, en obtenir un enfant. Dans les deux cas il y a passage d'une relation exclusive mère-enfant, à une triangulation par l'intervention du père comme régulateur.

Le complexe d'Œdipe correspond à la phase phallique du développement sexuel, dénomination venant du fait qu'à cet âge il n'existe pour l'enfant qu'un seul organe sexuel, le pénis, symbole de pouvoir, le phallus. Le complexe d'Œdipe est aussi essentiel à la mise en place du Surmoi. Il constitue un des piliers de la psychopathologie psychanalytique : on s'interroge sur le fait que le patient a eu accès ou non à l'Œdipe (distinction entre névrose et psychose) et, dans le premier cas, on considère les différentes formes de la résolution de l'Œdipe (comme caractéristiques des différentes catégories de névroses).

Les oiseaux de Mathilde

C'est dans une grande cage que se trouvent deux « inséparables », oiseaux jaune et vert. C'est comme cela qu'on appelle le couple d'une espèce particulière de perruches qui vivent de façon symbiotique, jamais l'une sans l'autre, a tel point que si l'une meurt l'autre ne peut que mourir aussi.

Mathilde reçoit Kouider, un collègue qui lui demande :

« Depuis quand as-tu ces oiseaux ? »

Mathilde répond : « Depuis 1982. »

Kouider s'en étonne : « Ils sont vraiment si vieux ? »

Mathilde corrige alors son erreur : « Non, bien sûr, c'est depuis 2002. »

Elle se demande alors ce qui a pu l'amener à cette erreur.

Mathilde a deux filles et un fils. 1982 est l'année de la naissance de sa fille cadette, 2002 est l'année de naissance de sa petite-fille (fille de l'aînée). Cette confusion manifeste pour elle le lien symbiotique qu'elle a avec la fille cadette (comme les deux oiseaux), mais aussi la jalousie de celle-ci lors de la venue de la petite fille, le passage pour Mathilde de mère à grand-mère, etc. Il s'agit donc d'une condensation autour de cette qualité particulière de relation attribuée à ces oiseaux.

L'homme aux rats

L'obsession

HR vient d'une famille juive, il est le quatrième d'une fratrie de sept, né de la deuxième femme de son père. Il fit des études de droit, courtisa une de ses cousines, puis entra dans la carrière militaire comme son père. À 23 ans il commença à souffrir d'obsessions et autres manifestations morbides : il était particulièrement attiré par les rituels funéraires, avait un besoin compulsif de vérifier son pénis dans le miroir, avait des conduites d'auto-accusation, et des idées suicidaires.

Six ans plus tard il y eut un incident bien particulier. Alors qu'il devait rembourser une somme modique à un officier, il fut obsédé par le souvenir du récit – fait devant lui par un supérieur – de punitions corporelles sadiques, présentées comme supplice oriental, et exercées sur des prisonniers : l'homme était déshabillé et agenouillé, et on lui introduisait un rat dans l'anus. À cette scène se mêle aussi le souvenir d'une dette de son père contractée au jeu. C'est alors, obsédé par des rats, qu'il consulta Freud.

La cure

Au cours des associations d'idées, lorsque cette scène de supplice revint, il eut tout à coup beaucoup de difficulté à parler et manifesta des signes d'agitation motrice devant l'horreur qu'il ressentait. Mais Freud remarqua qu'à ce moment son

visage exprimait à la fois horreur et jouissance. Bien sûr il n'en avait pas conscience. Par la suite Freud put mettre en relation le conflit avec le père et l'obsession des rats. HR retrouva des souvenirs d'enfance dont une scène où son père le bat pour le punir d'avoir mordu un autre enfant. Cette obsession était liée à l'érotisme anal. Il déplaça alors la rage ressentie contre son père sur le thérapeute (dans le transfert), puis réclama un châtiment. Le rat est ici lié à l'argent et à la dette, d'ailleurs le patient avait pris l'habitude de régler ses séances en exprimant lui-même cette équivalence : « Tant (la somme) de florins – tant de rats ». Ce traitement situé entre 1907 et 1908 dura neuf mois.
HR finit par épouser sa cousine et devint avocat. Mais il fut mobilisé et mourut en 1914.

La famille berceau des passions

Dans l'ouvrage *Totem et tabou*, Freud s'intéresse aux rites des sociétés primitives, pour soutenir le mythe du meurtre du père originel (de la horde primitive), meurtre perpétré par ses fils dans le but de posséder les femmes de la tribu dont le père se réservait l'exclusivité. Toutefois la rivalité entre eux les amènera à renoncer et à chercher des femmes à l'extérieur de cette première famille. Les rites autour du totem seraient un rappel de ce mythe originel. C'est ce qui constituera les bases de la vie en société. Freud montre par là qu'il s'agit plus d'un mythe fondateur de la société humaine que d'une situation réelle, historique, mythe qui rend compte de l'importance de la dimension symbolique qui lui a permis de se construire en tant que telle.

Il existe chez tous les humains une instance interdictrice qui barre l'accès à la satisfaction directe du désir en l'adossant à la loi. C'est-à-dire que l'on retrouve partout une structure triangulaire entre l'enfant, l'objet de son désir, et le représentant de la loi (au départ : l'enfant, sa mère et le père). L'Œdipe de l'enfant n'est donc pas la simple transposition de la réalité de sa situation familiale, mais plutôt une reconstruction psychique, fantasmatique qui fait partie de ce que Freud a nommé fantasmes originaires. Plus que les personnes réelles, le triangle œdipien rend compte de types de relations dans le cadre de la structure psychique. Le terme de complexe évoque aussi ce point.

Le complexe de castration

Comme on le sait, la castration ou l'émasculation est la privation des glandes génitales. Les « théories » sexuelles infantiles attribuent aux deux sexes, contre toute évidence, la possession d'un pénis. L'absence de celui-ci ne peut donc être que le résultat d'une castration. Pourquoi parler de « complexe » de castration ? Le complexe de castration correspond au fantasme de castration, tentative de réponse à la question de la différence anatomique des sexes qui se pose pour l'enfant, comme nous venons de le voir, en termes de présence ou d'absence de pénis. Le complexe de castration correspond au sentiment de menace que l'enfant ressent devant le constat de la différence anatomique des sexes, et plus précisément, l'absence de pénis chez la fille.

Un complexe vécu différemment selon le sexe

Le garçon fantasme la castration comme une punition du père, punition qu'il associe au sentiment de culpabilité lié à ses activités sexuelles (auto-érotiques). Le complexe de castration se manifeste donc chez lui par l'angoisse de castration. Cette dernière peut se reporter sur toute perte, séparation, atteinte corporelle (dent, opération, accident, etc.). Tandis que la fille, constatant l'absence de pénis, l'interprète comme un préjudice subi, préjudice qu'elle peut nier, ou bien dont elle peut rechercher la réparation ou la compensation (par exemple en ayant un enfant du père). Il ne s'agit donc pas pour elle d'une angoisse, mais de la réaction à la perte. Le complexe de castration peut prendre différentes formes comme, par exemple, le sentiment d'infériorité. Il prend une place plus importante dans certaines structures comme le fétichisme ou l'homosexualité.

Complexe de castration et complexe d'Œdipe sont liés dans le temps. Ils se chevauchent quant au contenu (fantasmes originaires) et à la structure, tous deux assurant la construction du psychisme de l'enfant. La question commune à tout enfant est à ce stade : avoir ou non le phallus. La menace de castration a pu être réellement faite par un adulte ou seulement fantasmée. Le phallus est particulièrement valorisé dans la représentation que l'enfant a de lui-même, dans son narcissisme. Aussi sa vulnérabilité, la menace dont il est l'objet, est-elle vécue comme une blessure narcissique. Selon le sexe il se situe à un moment différent de l'Œdipe.

Pour la fille, c'est le moment d'entrée dans l'Œdipe, c'est ce qui la poussera vers le père, tandis que pour le garçon, il s'agit au contraire de la sortie de l'Œdipe, la recherche de l'identification au père.

Arlette, le sens des mots

À la suite d'une hystérectomie (ablation de l'utérus) pour cause de fibrome, Arlette présente un amaigrissement important qui l'oblige à reconstituer une nouvelle garde-robe. Deux ans après, alors que la balance s'est objectivement rééquilibrée pour elle (elle a repris six kilos), Arlette se plaint toujours de sa « perte de poids ». D'autres auraient pu tirer partie de cette opportunité d'avoir une taille plus fine, mais pas Arlette. Un entretien approfondi avec elle amène à considérer que les expressions « avoir du poids » ou encore « peser » signifient bien plus qu'une question de kilogrammes. Arlette a perdu du poids dans son identité féminine et cette perte-là n'a jamais été compensée par les quelques kilos récupérés.

La réalité psychique est opposée à la réalité matérielle, elle est faite d'images, de représentations, de fantasmes. Les processus inconscients ont une place essentielle dans la réalité psychique. Le modèle freudien du fonctionnement psychique est celui du conflit entre les instances que sont le Moi, le Ça et le Surmoi, et la réalité extérieure. Les complexes d'Œdipe et de castration sont des organisateurs du développement psychosexuel dans les deux sexes. La libido est l'énergie vitale de l'amour, quel qu'en soit l'objet ; la pulsion est ce qui pousse à la résolution des tensions, la recherche de satisfaction. La psychanalyse est une science de la réalité psychique dans ses aspects les moins conscients.

Les représentations du fonctionnement psychique

	FREUD	JUNG	JANET
Conscient	Moi Fonction adaptative*	Moi Idem	Moi Synthèse psychique force/faiblesse
Non conscient	Préconscient (dont une partie du Moi et du Surmoi)	Idem	Subconscient
	Inconscient : issu du Conflit psychique Du refoulement Le Ça	Idem = Inconscient Individuel Inconscient collectif (archétypes)	Automatisme psychologique (des habitudes, aux symptômes : désagrégation)
Traitement	Psychanalyse	Psychologie analytique	Analyse psychologique, hypnose

La barre horizontale noire représente la coupure réalisée par la censure à l'origine du refoulement.
*Pour Lacan il faudrait ajouter le Je (distingué du Moi issu de l'expérience du miroir, de l'imaginaire), et encore l'Autre.

Partie III

Le mouvement psychanalytique et la société

Freud se pose le problème des relations entre individu et société dans des textes comme *Totem et tabou*, *Psychologie des foules et analyse du Moi* ou encore *Malaise dans la civilisation*. Il a l'ambition d'arriver à donner une compréhension nouvelle des comportements humains, notamment lorsque ceux-ci sont mus par la destructivité et la violence. Le mouvement psychanalytique lui-même, par l'ampleur des résonances internationales qu'il a suscitées, s'est trouvé aux prises avec l'histoire, le nazisme en particulier. Ce dernier a été à l'origine de la destruction publique des œuvres de Freud, et de l'émigration de nombreux psychanalystes vers la Grande-Bretagne et les États-Unis.

Les critiques de la psychanalyse sont ainsi venues des pouvoirs politiques et religieux, comme aussi des scientifiques et des écoles de psychothérapie (les mouvements humaniste et cognitivo-comportemental en particulier). Il faut reconnaître que la psychanalyse s'est aventurée jusqu'à analyser les idéologies elles-mêmes, les considérant comme des processus défensifs qui rigidifient le fonctionnement psychique autour de l'idéalisation d'une idée, d'un personnage, d'un système. Elle devait donc s'attendre à des retours de bâton !

Nous évoquerons rapidement la mise en place organisationnelle du mouvement psychanalytique et développerons ensuite les critiques habituellement faites à l'endroit de la psychanalyse en tant que science, thérapie, théorie et technique. On pourra se demander comment, au règne de l'évaluation qui est le nôtre, rendre compte, chiffres en mains, de la part d'inconscient mise à jour au cours d'une psychanalyse…

Chapitre 5

Organisation et dissensions

« La question du sort de l'espèce humaine me semble se poser ainsi : le progrès de la civilisation saura-t-il, et dans quelle mesure, dominer les perturbations apportées à la vie en commun par les pulsions humaines d'agression et d'autodestruction ? »

S. Freud, *Malaise dans la civilisation*.

Dans la première partie de cet ouvrage nous avons suivi la création d'une nouvelle façon de considérer et de traiter la souffrance psychique, au travers du cheminement qui fut celui de son fondateur, cheminement dans la pratique clinique et la recherche d'une mise en forme scientifique.

En abordant le mouvement psychanalytique lui-même, nous pourrons mesurer les effets de l'institutionnalisation de la psychanalyse, le passage de l'invention théoricopratique au fondement de l'institution psychanalytique, au développement et à la multiplication des institutions se réclamant de la psychanalyse. Comme dans toute création nous pouvons, après coup, mesurer l'écart entre la dynamique du mouvement créateur, à l'origine de l'invention de la psychanalyse, et la tendance à la formalisation et au dogme qui s'est progressivement mise en place dans beaucoup d'institutions psychanalytiques.

Divers épisodes ont jalonné le parcours de la psychanalyse. Par exemple, en Angleterre le conflit entre Anna Freud et Mélanie Klein, en France le lacanisme. Ces mouvements internes relatifs à la théorie comme à la technique, ont dynamisé, relancé, par leur ampleur le mouvement initial, secouant une société psychanalytique qui tendait régulièrement vers une orthodoxie et une bureaucratisation devenues parfois paralysantes.

Freud crée en 1910 à Nuremberg l'Association internationale de psychanalyse (qui deviendra l'I.P.A. actuelle). Ceci marque l'expansion du mouvement psychanalytique. C'est la même année pourtant que se concrétisent les dissidences à l'origine de séparations et de ruptures successives : Alfred Adler pour commencer, suivi de Wilhelm Stekel, Carl Gustav Jung (1913), puis Wilhelm Reich… Elles sont le résultat de désaccords fondamentaux pour Freud sur la place donnée à la sexualité, la durée des cures, la question du transfert et du contre-transfert, la question du traumatisme, etc. S'y mêlent bien sûr les susceptibilités, les griefs personnels, les rivalités narcissiques et luttes de pouvoir inévitables.

Plus tard, à partir de 1930, apparaîtront les divisions à l'intérieur du mouvement, dans lequel l'IPA a pris un rôle et un pouvoir très bureaucratiques, c'est alors la question de la formation des psychanalystes qui prend des proportions telles que rejets et scissions amènent la création de nouvelles associations.

Nous ne ferons pas ici le point de l'ensemble des institutions existant actuellement en France (une trentaine), mais nous examinerons plutôt les différents courants qui se développent à l'intérieur même de la psychanalyse :

- autour de la topique : Moi, Soi, Inconscient… Deux mouvements théoriques restés anglophones : ego psychology (ou psychologie du Moi) et la self psychology (psychologie du Soi) ;
- autour de l'enfant : les mouvements de Melanie Klein et d'Anna Freud, et ceux que l'on appellera les indépendants (ne prenant pas position dans le conflit précédent), comme D. W. Winnicott ;
- le courant culturaliste, aussi d'origine américaine ;
- enfin, Jacques Lacan en France… et les multiples associations, groupes, auxquels le mouvement lacanien a donné naissance.

Ces courants provoquèrent une sorte d'éclatement de ce qu'on pouvait se représenter comme la citadelle psychanalytique, garante de l'orthodoxie, traditionnellement assurée en Fance par la Société Psychanalytique de Paris et l'Association Française de Psychanalyse, toutes deux affiliées à l'International Psychoanalytic Association (IPA).

Jacques Lacan, l'analyse lacanienne

Psychiatre et psychanalyste (1901-1981), Jacques Lacan donna à l'œuvre freudienne une envergure philosophique et devint un maître français de la psychanalyse. Il cultiva son personnage au travers d'une parole sophistiquée et énigmatique. Son œuvre écrite fut en grande partie dépendante du milieu créé par ses disciples et admirateurs qui rédigèrent et publièrent ses séminaires.

Son parcours

Né dans une famille issue de la bourgeoisie catholique, il eut un frère cadet moine bénédictin. Jacques Lacan rompit avec la religion, se rapprocha un temps de Charles Maurras[1] (tout comme Françoise Dolto), puis des surréalistes qu'il fréquenta. Il fut reconnu comme un brillant intellectuel. Pourtant, bien qu'analysé, il ne fut pas admis à la Société Psychanalytique de Paris (SPP) qui lui reprocha son anticonformisme.

Sa pensée

Il s'intéressa à la philosophie hégelienne qui inspira sa nouvelle lecture de Freud. Pour des raisons idéologiques, mais aussi personnelles, Lacan milita pour la revalorisation de la fonction symbolique du père, son concept de *nom-du-père* en témoigne. Il proposa un retour aux textes freudiens dont il renouvela la lecture à partir de la philosophie et de la linguistique (lecture ainsi dégagée du biologisme). Mais Lacan fera par contre peu de cas de la psychologie. Il proposa une nouvelle topique (après les deux topiques que Freud avait successivement proposées : le conscient, le préconscient, l'inconscient, et le Moi, le Ça, le Surmoi) où il distingue le réel, le symbolique et l'imaginaire. Il considéra l'inconscient organisé comme un langage. Et parmi les notions centrales de son enseignement, il faut encore citer le stade du miroir. Ses séminaires seront suivis par une véritable cour de jeunes psychiatres, psychologues, psychanalystes, philosophes et linguistes, émules fascinés par ce personnage, son originalité, ses facéties. Cette originalité est poussée parfois à l'extrême dans sa pratique comme dans son discours qui devient incompréhensible. Il donne parfois l'impression de jouer à se faire l'écho des bizarreries de l'inconscient. Dans sa pratique, Lacan introduit les séances à durée indéterminée, durée elle-même soumise aux effets de l'inconscient, séances écourtées, parfois à l'extrême,

[1] Maurras, Charles (1868-1952), homme politique français, l'un des fondateurs de l'Action française, mouvement d'extrême-droite, fasciste et antisémite.

s'opposant au cadre des séances respecté par les sociétés de psychanalyse. Il initiera également une nouvelle procédure de formation des futurs psychanalystes, avec l'introduction de « la passe ». Les conflits ne peuvent alors être évités.

Sa portée

Une première scission sera à l'origine de la création de la Société française de psychanalyse, elle-même dissoute en 1964. Lacan fonde alors l'École freudienne de Paris (EFP). Mais beaucoup de ses élèves se retrouvent dans l'Association psychanalytique de France (APF). C'est dire l'imbroglio qui existe alors dans les institutions psychanalytiques. L'EFP sera également dissoute en 1980, les lacaniens se retrouvant dans de multiples groupes.

Son œuvre

De cette œuvre abondante on se rappellera l'ouvrage initial *De la psychose paranoïaque dans ses rapports avec la personnalité,* Seuil, Paris, 1966. Mais on retiendra surtout les *Écrits*, Seuil, Paris, 1966, et, pour l'approfondissement de sa pensée, les 25 séminaires dont une dizaine sont publiés au Seuil.

La psychanalyse a étendu son influence à une quarantaine de pays, avec une forte prédominance en Europe et en Amérique (Nord et Sud). Elle n'est pratiquement pas représentée en Afrique, et peu en Inde. Considérée sous le nazisme comme science juive, elle fut interdite en Allemagne. Il en fut de même en Chine où le régime communiste jugea qu'il s'agissait d'une « science bourgeoise ». Le nazisme et le stalinisme obligèrent de nombreux psychanalystes à émigrer, principalement en Angleterre et aux États-Unis. C'est dire que le contexte historique a eu une incidence très importante sur le développement de la psychanalyse.

À la fin du XXe siècle, le retour à une psychiatrie organiciste, et le regain du comportementalisme et du cognitivisme, associés à la pharmacologie, entraînèrent un affaiblissement du mouvement psychanalytique dont on ressent les effets actuellement dans les modifications apportées aux prises en charge des malades. La prévalence de l'approche organique sur l'approche relationnelle, et la recherche de traitements chimiothérapiques aux souffrances morales marquent ce nouveau tournant (comme par exemple dans le traitement chimiothérapique couramment proposé pour l'anxiété liée à la dépression). La remise en cause – à un niveau international – des modèles psychopathologiques, des classifications psychiatriques, au profit de listes et d'échelles, a une grande incidence sur les pratiques actuelles. Le DSM (Diagnostic and Statistical Manual of mental disorders), ou manuel diagnostic et statistique des troubles mentaux en est le résultat et le principal véhicule. De plus les avancées technologiques comme l'imagerie cérébrale (IRM) suscitent des attentes, en particulier concernant de possibles causalités organiques.

■ **Le DSM**

Sigle devenu incontournable au cours des années 1980 dans le monde de la psychiatrie, le Manuel Diagnostique et Statistique des troubles mentaux est l'œuvre des années soixante-dix pour le développement d'un outil diagnostique international. Il était fréquent que, dans leurs échanges, les psychiatres de différents pays, constatent que les diagnostics qu'ils portaient sur les maladies variaient considérablement. Il était devenu indispensable, pour la recherche, de travailler au niveau international et donc de créer des outils reconnus et utilisables par tous.

Ce fut un énorme travail que de traduire et de tenter de rapprocher des conceptions parfois très éloignées. Ainsi malgré une succession de versions du DSM, celui-ci reste un instrument à réajuster périodiquement. Au cours de ce travail il est apparu que pour éviter les confrontations théoriques ou les interprétations incompatibles, il fallait revenir aux observations basiques, incontestables (approche descriptive), et... en rester là !

Il en sortit une nouvelle conception réduite à une approche comportementale (observable) et pharmacologique de toute pathologie mentale. Le DSM a eu une forte influence sur les conceptions psychiatriques et a amené une multiplication d'échelles d'évaluation et une prolifération de données chiffrées venant en quelque sorte combler le vide théorique produit par ce mouvement réducteur. C'est à cette réduction considérable qu'est confrontée et maintenant forcément opposée l'approche psychanalytique restée centrée sur la personne, l'écoute, la recherche de sens. On peut dire que le DSM, développé comme outil de travail dans le cadre de la psychopathologie, est aussi symptomatique de notre société.

Dans ce contexte, qu'elle est la place de la psychanalyse ? Plus que jamais notre société individualiste, consumériste a besoin d'une approche qui se soucie de la personne, garantisse sa subjectivité. C'est la première réponse que nous donnerons, mais nous reviendrons sur cette question.

La gaffe

Élodie rencontre son ami Michel dans la rue. Ils s'embrassent, se donnent des nouvelles. Élodie vient de passer une période très difficile en raison d'une grave maladie. Elle dit à Michel qu'elle a trouvé tous ces gens, amis, qui l'ont entourée pendant cette période formidables, tous ont été très gentils avec elle. Et elle ajoute : *« J'étais étonnée de voir parmi eux, même des gens que je n'aime pas, comme toi par exemple »*, et se reprend tout de suite, non sans rougir, très gênée : *« Non, j'ai pas voulu dire… »*

Ce jour-là Michel a bien dû recevoir le message, clairement énoncé. Emportée par son discours Élodie a laissé affleurer ses sentiments pour Michel, sans la mise en forme nécessaire dans les relations sociales et, plus encore, amicales.

Chapitre 6

Les critiques de la psychanalyse

« (...) les hypothèses auxquelles nous aura conduit l'analyse des processus du rêve devront être acceptées à titre temporaire, si on peut ainsi dire, jusqu'à ce qu'on puisse les rattacher aux résultats d'autres recherches, qui, parties d'autres points, s'efforcent d'élucider les mêmes problèmes. »

S. Freud, *L'interprétation des rêves*.

Les critiques de la psychanalyse sont apparues dès les premiers textes freudiens. Elles n'ont pas cessé depuis. Nous reprendrons ici les plus fréquentes d'entre elles. Nous distinguerons des questions très générales, puis celles qui concernent des points de la théorie, et enfin celles liées à la technique psychanalytique et à sa pratique.

Questions générales

La psychanalyse n'est pas une science

La psychanalyse a été considérée par Karl Popper comme un dogmatisme, un système explicatif du monde qui repose sur l'adhésion de l'individu plutôt que sur une démonstration expérimentale. Il l'a comparée sur ce point au marxisme. Pour cet auteur, ce qui manque c'est la possibilité de réfuter les thèses proposées. Popper distingue, en effet, les vérifications faites à partir d'illustrations cliniques – cas choisis pour conforter la démonstration – de la réfutation à partir d'expériences « cruciales », c'est-à-dire dont les résultats sont véritablement décisifs quant à la poursuite ou non de la démonstration.

■ La psychanalyse, nouvelle religion ?

Karl Kraus considérait que la psychanalyse n'était au fond qu'une nouvelle religion « *la foi d'une génération incapable de toute autre foi* » ! Pourtant, nous l'avons vu, de grands psychanalystes tels que Jung et Dolto sont restés fidèles à la religion. Freud avait l'ambition d'une science qui pourrait rendre compte de tous les phénomènes psychiques. La lecture de ses textes, ses hésitations, reprises, corrections de textes précédents, son pessimisme chronique quant à l'aboutissement de ses objectifs, voire quant au traitement lui-même, plaide, au contraire, pour la prudence et la rigueur avec lesquelles il a travaillé.

Mais le succès amena beaucoup d'intellectuels et de psychanalystes à des simplifications et des engouements très contestables. Ce que l'on peut retenir des critiques de Popper (qui a été lui-même souvent critiqué par ses pairs), c'est le manque de formation scientifique de beaucoup de praticiens de la psychanalyse et la négligence, voire le rejet, de certains quant à la rationalité. On peut dire que la fréquentation fantasmatique propre à ce métier est devenue, pour certains, un véritable refuge. Il leur a manqué le goût de rendre compte de ce travail de façon rationnelle et avec la nécessaire distance critique. Cette distance aurait permis de mieux préciser les limites de la théorie et de la pratique psychanalytiques.

Cette question de la scientificité est toujours d'actualité, notamment dans un système de pensée qui catégorise des sciences « dures » pour les protéger de la contamination de sciences qui seraient donc « molles » ! Parmi les premières, on compte les mathématiques, la physique, les neurosciences, etc., et, bien sûr, parmi les secondes toutes les « sciences » humaines auxquelles on hésite parfois même à appliquer le terme de « science ». Le débat est donc beaucoup plus large : il ne concerne pas la seule mise en cause de la psychanalyse, mais englobe tout ce qu'une approche humaniste a d'approximatif par rapport à un idéal mathématique, promu en unique modèle « scientifique » !

L'informatique avec le modèle de l'ordinateur n'a fait qu'accentuer ce phénomène : l'idéal est devenu une compréhension « logicielle » du fonctionnement psychique, celle que déjà des robots « humains » expérimentent pour nous. Cet homme robotisé est donc l'avenir idéalisé qu'on nous propose.

On comprend qu'en conséquence les travaux qui concernent l'homme intérieur, la subjectivité, les valeurs et les significations personnelles accordées aux expériences... ne soient plus à l'ordre du jour de la recherche qualifiée de sérieuse. Freud a démontré qu'il existe une compréhension possible des phénomènes les plus étranges dans ce domaine, celle-ci n'a pas de place dans cette rationalité logicielle dans laquelle la science s'est engagée. Bien sûr il ne s'agit là que de confrontation de modèles différents, mais dont les échos politiques et économiques peuvent avoir des conséquences majeures sur la vie de tout un chacun !

Le rapport au savoir

Il y a un autre argument à développer ici. Il concerne le rapport de la psychanalyse au savoir. Notre fonctionnement intellectuel (on parle maintenant de cognitif), les connaissances que nous accumulons, sont le résultat des processus secondaires que Freud distingue des processus primaires plus directement liés aux pulsions. La psychanalyse a mis en évidence l'articulation de ces deux niveaux de fonctionnement. Elle a montré, par exemple, que l'envahissement des processus primaires (émotions, excitation, angoisses) ne permettait pas de fonctionner intellectuellement. Mais aussi que le travail intellectuel pouvait être développé au détriment de la vie affective, et être ainsi utilisé de façon défensive. Dans les deux cas on peut aboutir à une inhibition, ou une paralysie des processus secondaires, dont le résultat le plus manifeste est l'échec de l'apprentissage, l'échec dans le travail. Cette façon d'analyser le travail scientifique lui-même, de le situer comme un dérivatif pulsionnel, a pu agacer certains scientifiques, en même temps qu'elle a permis à nombre de patients de retrouver leurs capacités intellectuelles !

Enfin, il faut être très clair sur le fait que tout ce qui a trait à la psychanalyse n'est pas scientifique en soi, que peu de psychanalystes sont engagés dans une démarche scientifique, et que les sociétés de psychanalyse elles-mêmes ne définissent pas toujours le cadre de la recherche poursuivie en leur sein. De notre point de vue, la recherche psychanalytique devrait être délimitée de telle façon que la part scientifique de la psychanalyse se dégage clairement pour le milieu scientifique, facilitant les confrontations indispensables à ce niveau.

Le cours magistral

La scène se passe pendant un cours magistral de psychologie clinique. Il y a quatre cents étudiants dans cet amphithéâtre, le cours a lieu toutes les semaines, il présente les principaux auteurs qui se sont interrogés sur les processus groupaux d'un point de vue psychanalytique. Dès les premiers cours, une étudiante située au centre de l'amphithéâtre, bien en face de l'enseignant, intervient régulièrement, en milieu de cours, pour dire qu'elle n'a rien compris et faire reprendre le cours à tel ou tel endroit qu'elle a précisément noté. Les premières réponses données par l'enseignant ne la satisfont jamais, non, il doit reprendre... (Gymnastique qu'il n'apprécie guère d'autant que l'expérience montre que cela ne sert pas à grand-chose puisqu'il faudra toujours recommencer !) S'il le fait c'est parce qu'il a l'expérience des groupes et qu'il observe que les étudiants de l'amphithéâtre réagissent relativement peu à ces perturbations régulières. Il se dit qu'il doit donc y avoir des raisons.

C'est au sixième cours que les choses s'éclairent. Il traite alors d'un auteur psychanalyste, W. Bion, et du concept d'« hypothèse de base ». Il s'agit là d'émotions ressenties par les groupes, émotions liées à une certaine idée commune du fonctionnement groupal. Ainsi, l'hypothèse de dépendance fait que le groupe se comporte comme totalement dépendant de son chef, considéré comme tout puissant, ce qui permet aux membres du groupe de s'installer dans l'attente qu'il résolve tous les problèmes. Le groupe est totalement passif. Cette situation est fréquente dans les groupes de thérapie. Il s'agit d'une modalité défensive groupale.

Alors que l'enseignant parle de cette notion de dépendance, l'étudiante, toujours à son poste, intervient pour, une fois de plus, affirmer qu'elle ne comprend vraiment rien à ce que dit l'enseignant. Celui-ci, pris d'un soudain éclair de pensée, se surprend lui-même à rétorquer *« Mais vous y êtes, c'est exactement ça, vous avez tout compris ! »* Ce qui fut suivi d'un éclat de rire général dans l'amphithéâtre. L'enseignant réalisa alors l'importance prise par son intervention, poursuivit son cours avec une certaine perplexité sur ce qui venait de se passer.

Le comportement de cette étudiante était, en effet, une parfaite illustration de l'état de dépendance mentale qui ne permet pas de penser (ni de comprendre) quel que soit le sujet abordé. Elle était alors un porte-parole, à son insu, de l'état inconscient du groupe.

Au cours suivant il s'inquiéta lorsqu'il ne revit pas l'étudiante au centre de l'amphithéâtre. Il fallut un moment pour qu'il l'aperçoive enfin quelque part à droite… Qu'avait-elle pu comprendre de son intervention et des réactions de ses camarades ?

À la fin de l'année, après les examens, un jour l'enseignant croisa dans l'escalier une étudiante qui le remercia spontanément pour la bonne note obtenue à l'examen. L'enseignant qui, dans un premier temps ne reconnut pas l'étudiante, lui répondit qu'elle avait sûrement bien mérité sa note et la félicita. Ce n'est qu'après coup qu'il réalisa qu'il s'agissait de la perturbatrice attitrée de son cours. Il se réjouit de ce que son intervention ait pu fonctionner positivement comme une interprétation psychanalytique, permettant à l'étudiante comme au groupe (par le rire commun) de prendre conscience de cet état de dépendance dans lequel tous étaient plus ou moins enkystés à ce moment. Pour la jeune fille, l'intensité du transfert fait sur l'enseignant avait bloqué tout accès au savoir qu'il communiquait.

Le matérialisme psychanalytique

*« Je n'ai jamais séjourné que dans le rez-de-chaussée et le souterrain de l'édifice. Vous affirmez que si l'on change de point de vue, on voit aussi un étage supérieur, où logent des hôtes aussi distingués que la religion, l'art, etc. Vous n'êtes pas le seul sur ce point, la plupart des exemplaires cultivés de l'*homo natura *pensent ainsi. Vous êtes là conservateur et moi révolutionnaire. Si j'avais encore une vie de travail devant moi, j'oserais assigner aussi à ces personnages de haut lignage une demeure dans ma basse maisonnette. »*

S. Freud à Ludwig Binswanger.

C'est un reproche qui a beaucoup été fait au début. L'approche analytique qui déconstruit, ramène certaines productions humaines à leurs éléments supposés constitutifs, dont les pulsions (libidinale et pulsions de vie et de mort), avait choqué. Il semble que ce ne soit plus tellement le cas maintenant. Finalement la psychanalyse apparaît, dans le contexte actuel, plutôt comme une résistance à la mécanisation du corps et du psychisme. Elle défend encore une dimension humaine, basée sur une subjectivité, sur une dimension symbolique par laquelle le sens habite toujours toutes les productions humaines.

Il n'en reste pas moins qu'elle se distingue nettement de toutes les approches thérapeutiques spiritualisantes, qu'elles viennent des sectes, ou de méthodes de psychothérapie reconnues, comme des pratiques jungiennes, ou le mouvement humaniste initié par Abraham Maslow aux États-Unis, par exemple. De ce point de vue la psychanalyse considère comme une valeur essentielle la liberté de pensée pour elle-même, l'analysant étant libre ensuite d'utiliser celle-ci dans le sens et les domaines qui lui conviennent.

Tout ramener au sexe

L'un des principaux obstacles à la diffusion de la psychanalyse fut le scandale que produisit, dans la société bourgeoise, l'importance donnée à la sexualité. Dans l'après-coup on peut voir là un paradoxe. Car, nous l'avons précisé, Freud a voulu d'entrée de jeu se démarquer de la sexologie, pour s'intéresser aux aspects psychiques du fonctionnement sexuel. On a aussi vu comment il a élargi le concept de libido pour inclure toutes les formes prises par l'amour, l'amitié, etc. Il était donc loin de l'exercice du sexe ! Mais pour s'en rendre compte, encore fallait-il s'informer plus précisément de son œuvre. Car ce qui choquait des séances de psychanalyse, c'était cette liberté avec laquelle on y parle des choses sexuelles.

Sexologie et psychanalyse

Sexologie et psychanalyse ne parlent pas de la même chose. La sexologie s'intéresse aux normes biologiques et sociales du comportement sexuel. Au contraire, la psychanalyse porte son intérêt aux processus psychiques liés à la dimension sexuelle. La question de la sexualité infantile explore le développement psychique qui aboutira à la génitalité.

Mais ce qui était encore le plus choquant, c'était que Freud ait proposé de relier tous ces aspects et de les considérer comme un ensemble. Il y avait là comme un sentiment de contamination entre le sexe – qui devait être soigneusement isolé et caché – et les autres activités psychiques, notamment les plus valorisées, les plus élevées, comme l'amour de la beauté, l'art, la religion (l'amour de Dieu).

Le plus scandaleux était donc ce qui se trouvait derrière le concept de sublimation : l'existence de l'énergie sexuelle à la base de toutes ces productions de l'esprit. La société s'est pourtant habituée à ces ouvertures et à ces passages dont elle a semble-t-il dû tirer profit.

Au moment où Freud commence ses premiers travaux, la question de la sexualité est très présente dans le milieu intellectuel, dans la recherche descriptive et classificatoire des conduites normales ou pathologiques. La théorie de l'hérédité et de la dégénérescence est appliquée notamment dans les recherches criminologiques. Une science est née, la sexologie, mais Freud s'en dégage rapidement. Il s'intéresse à la bisexualité psychique, non aux conduites homosexuelles, par exemple, mais plutôt à l'homosexualité latente chez tout individu. Il se manifestera contre toute discrimination, ce qui ne sera malheureusement pas le cas, par la suite, de tous les psychanalystes et des sociétés psychanalytiques, Anna Freud en tête ! Lacan, pour sa part, instituera une nouvelle tolérance dans le milieu psychanalytique.

Psychanalyse et biologie

Freud est parti de la biologie, ses premiers travaux sur les neurones cherchaient à créer une science capable de rendre compte du fonctionnement psychique par la neurologie. On peut considérer l'engouement actuel pour les neurosciences comme une répétition, pour ne pas dire un retour à ce point de vue, les nouvelles technologies en plus. Et ce n'est pas peu dire car il est certain que l'imagerie cérébrale, par exemple, a de quoi fasciner par ce qu'elle montre de l'activation des zones du cerveau, par telle ou telle activité, telle ou telle forme de pensée.

Mais les chercheurs concernés sont les premiers à dire le chemin qu'il y aurait encore à parcourir pour pénétrer véritablement la complexité extrême du fonctionnement du système nerveux central aux commandes de tous nos états, ressentis, comportements, pensées… Cela n'empêche pas de considérer que l'ordinateur est un modèle : situation paradoxale que l'inventeur d'une machine estime que celle-ci puisse donner la clé du fonctionnement de son propre cerveau ! Il n'en est pas moins vrai que les découvertes de la biologie nous permettront d'avancer encore dans la compréhension de bien des pathologies, physiques et psychiques, ce dont on ne peut que se réjouir. Freud lui-même espérait qu'un jour certains de ces mystères seraient ainsi éclairés par les progrès de la biologie.

■ Psychanalyse et recherche

Au-delà des esprits partisans, on peut reprocher à certains cliniciens de ne pas suffisamment tenir compte des limites de nos connaissances et des recherches en cours, se satisfaisant des connaissances acquises dans leur formation. Or on sait à quelle rapidité celles-ci vieillissent. La formation continue n'est pas qu'un slogan ou un lobby, elle est vraiment une nécessité professionnelle et ce, pour toutes les professions.

Des résultats thérapeutiques difficiles à évaluer

Les enquêtes régulières sur les résultats des traitements psychothérapiques tentent d'opposer certaines techniques à d'autres pour démontrer leur efficacité, et proposer une hiérarchisation. Les récentes recherches qui ont opposé thérapies cognitivo-comportementales et thérapies psychanalytiques ont bénéficié d'un important relais médiatique pour mettre en cause ces dernières.

Bien qu'habitués à ces polémiques, notamment en ce qui concerne les recherches sur les médicaments, comme celles répétées depuis une quinzaine d'années sur les effets cancérigènes ou non des traitements hormonaux, l'annonce des résultats a toujours un effet sur le public. Malgré les progrès des statistiques on imagine mal le nombre des paramètres à considérer pour la comparaison de traitements psychothérapiques qui ont des objectifs aussi différents. Bien sûr il s'agit toujours d'apporter une aide, mais à quel niveau, par quels moyens, dans quel délai… ? Les questions sont très nombreuses. Ce qui est à retenir de ces critiques qui mettent en cause l'efficacité de la psychanalyse, c'est que les psychanalystes ont trop négligé la communication des résultats obtenus ainsi que des échecs.

■ Une efficacité à long terme

Les travaux actuels menés dans ce sens par des psychanalystes montrent l'efficacité non pas à court terme comme les thérapies comportementales, mais à long terme. Si bien que la comparaison devrait ternir compte du décalage des objectifs : traiter le symptôme ou bien modifier le fonctionnement psychique susceptible de l'avoir produit. Il est très évident, que l'hypnose, par exemple, produit des effets immédiats, mais c'est justement de la critique de cette pratique qu'est née la psychanalyse !

Enfin, il est un fait que la personnalité du thérapeute joue un rôle essentiel et cela, dans toutes les techniques thérapeutiques. Voilà au moins un résultat régulièrement confirmé par toutes les études ! Dans le cas du psychanalyste, le fait qu'il ait eu à vivre pour lui-même la situation psychanalytique afin de prendre conscience et tenter de se dégager de ses propres conflits névrotiques (ou autres pathologies), est un plus qui a souvent été justement souligné. Il n'en reste pas moins qu'il y a des psychanalystes plus sympathiques que d'autres, plus expérimentés, plus à l'écoute et sensibles à telle ou telle situation, etc.

Certains auteurs considèrent l'œuvre de Freud comme une œuvre essentiellement littéraire, mais non scientifique. Qu'est-ce à dire ? Que si le lecteur se retrouve dans les pages de Freud, c'est par la capacité de l'auteur à faire partager des états d'âme, voire même à les analyser comme le faisait un Proust ? Est-ce vraiment une critique ou plutôt un hommage ? Car peu de scientifiques ont pu être loués pour la qualité littéraire de leurs écrits, et encore moins pour les effets thérapeutiques de ceux-ci !

Expérience existentielle et traitement

Finalement, la psychanalyse n'est-elle pas plutôt une expérience existentielle qu'un traitement à proprement parler. La position des psychanalystes à cet égard n'est peut-être pas suffisamment claire. Ceci rejoint la question de l'évaluation des résultats.

Pourquoi et comment s'engage-t-on dans une psychanalyse ? Pas pour la suppression d'un symptôme. Si ceci est acquis, il faut en tirer les conséquences dans l'évaluation des bénéfices et des résultats obtenus, ce qui n'est pas toujours clair. Toute relation prolongée (fréquence et durée) est une expérience existentielle et l'analyse offre ce dispositif, de même que les prises de conscience successives modifient sensiblement les positions du sujet par rapport à son histoire et à son environnement. Alors quel sera l'effet le plus thérapeutique ? Celui qui soulage la souffrance psychique ? Celui qui fait disparaître le symptôme ? Ou celui qui dégage une énergie restée paralysée dans des mécanismes de défense ?

Psychanalyse et société

La psychanalyse répond-t-elle aux questions de notre temps ? Cette question nous semble essentielle. La remise en cause actuelle de la psychanalyse est contemporaine de la remise en cause de la théorie de l'évolution des espèces de Darwin. Cette conjonction est importante.

C'est le paléontologue américain Stephen C. Meyer qui, en 1988 créa l'*Intelligent Design*, l'idée que seul un formidable *designer*[2] peut être à l'origine de la complexité du monde. Depuis, des donateurs, des sectes, des églises, et jusqu'à G. Bush récemment s'allient pour contrer la théorie darwinienne et revenir au récit biblique, pour conforter le mouvement créationniste. L'homme fait à l'image du créateur, lequel d'entre nous n'est pas concerné par ce fantasme de toute puissance ?

Aussi la remise en cause de Freud dans ce contexte se comprend comme une contestation de la nature pulsionnelle du fonctionnement psychique, de la place donnée à la sexualité, s'entend, au-delà des abus incontestables de tel ou tel praticien ou théoricien de la psychanalyse, d'un retour au discours religieux, voire du mouvement plus large des intégrismes.

La « chosification » du corps, désormais inclus dans le marché (le corps en morceaux sous-traités), d'une part, le développement du virtuel dans les représentations mais aussi dans les relations quotidiennes, d'autre part, remettent profondément en cause notre représentation de nous-même. Et l'actualité nous confronte à la perte des repères fondamentaux et aux violences qu'elle suscite.

La question du sens

Le bébé est une personne et, particulièrement le prématuré perdu dans un univers de machines… Avez-vous eu la chance de voir un de ces petits êtres réagir au souffle d'une soignante sur son front, à la voix chaleureuse et modulée d'une autre, au chantonnement de sa propre mère ? Avez-vous constaté sa décrispation immédiate,

[2] En anglais, *designer* signifie à la fois créateur (art, architecture) et concepteur.

l'ouverture de son corps, de ses petites mains en direction de ce qui lui arrive ? Etc.

Avez-vous eu comme moi encore la chance exceptionnelle de travailler avec de grands handicapés qui, perdus dans leur monde, s'ouvrent tout à coup à un son, à une présence ? À ce moment-là vous ne vous posez pas la question du sens, voire de l'abus de sens de ce que vous faites. Penser que tout être humain, quel que soit son état, est porté par le sens, c'est peut-être une illusion, ou une hypothèse indémontrable, mais une nécessité pour la vie psychique, la nôtre et celle de l'autre.

Questions portant sur la théorie

« Contre la surestimation dégradante de la vie pulsionnelle, pour la noblesse de l'âme humaine, je livre aux flammes les écrits de Sigmund Freud. »

Discours du feu au cours de l'autodafé des œuvres de Freud

« Quels progrès nous faisons. Au Moyen Âge ils m'auraient brûlé, à présent ils se contentent de brûler mes livres. »

Commentaire de Freud

Le complexe d'Œdipe - infantile ou nombrilisme

La psychanalyse serait-elle une démarche régressive, voire même anti-adaptative ? Et faut-il tout ramener à l'Œdipe ? Si déjà dans le mouvement psychanalytique certains auteurs comme Otto Rank (il a voulu ajouter le « traumatisme de la naissance ») et Mélanie Klein ont considéré qu'il fallait aller encore plus loin, c'est-à-dire avant l'Œdipe, le mouvement contestataire va plutôt dans le sens opposé, critiquant le fait de s'attacher à cette période initiale du développement de l'individu.

Pour certains cela apparaît comme réducteur, voire encore comme une façon de prendre ses distances par rapport à ses responsabilités, de considérer que l'on ne peut rien à ce qui nous arrive puisque tout dépend des conditions dans lesquelles on a vécu notre enfance. Ce sont là des réductions, des simplifications faites pour tenter de s'approprier à moindre coup un langage psychanalytique. Nostalgie d'enfance, nombrilisme, ce serait ce qui anime l'analysant qui, sur le divan psychanalytique passerait beaucoup de temps à cette attitude de complaisance à l'égard de lui-même au lieu de se confronter à la dure réalité. La cure elle-même n'est-elle pas une proposition séduisante ? Pouvoir se laisser aller, tout dire (contrairement à l'adaptation nécessaire aux règles de la communauté), n'est-ce pas là comme un piège qui fait régresser l'individu plutôt que de l'adapter ? On sait, en effet, le peu de cas fait à cette dimension de l'adaptation à la société dans le cadre psychanalytique.

■ Psychanalyse et réalité

Le temps n'étant plus au snobisme psychanalytique qui pouvait maintenir certains dans une situation valorisée pour elle-même, les effets pervers de l'allongement indéfini des cures devraient être minimisés. D'autre part, le rappel de la réalité se fait au niveau très concret du coût financier de la séance : pour l'assumer, il faut bien garantir la situation sociale, le travail correspondant. La tension entre réalité et imaginaire constitue un moteur de l'analyse. Et l'analyse des positions infantiles, loin de précipiter dans la régression, débloque un processus de développement psychique resté fixé à certaines situations traumatiques, à certains conflits pour, au contraire, relancer l'activité psychique.

Déjà du temps de Freud, la question de l'Œdipe a été posée en relation avec les différences culturelles. Elle a donné naissance au courant culturaliste. Plus récemment, il s'agit d'une question cruciale en raison de l'évolution de notre propre culture. Les modifications de la structure familiale au cours de ces dernières années ont conduit à réinterroger l'importance donnée par Freud au triangle œdipien désormais associé à un modèle traditionnel jugé par certains dépassé : père-mère-enfant.

Que dire du développement des familles monoparentales ? Plus récemment encore, que dire des nouvelles familles créées par des parents homosexuels ? Quel est le devenir des enfants ? Pourront-ils se structurer ? S'il est normal de se poser à nouveau ces questions, il faudrait aussi rappeler qu'il s'agit d'un mythe et que la force de la théorie du complexe d'Œdipe est du côté du symbolique. Lacan a bien rappelé la distinction structurante entre les registres du réel, du symbolique et de l'imaginaire.

L'importance du tiers, pour le développement de l'enfant, c'est aussi le social, et pas seulement tel ou tel membre précis de la famille. Il n'en demeure pas moins, que le modèle reste toujours à travailler, à modifier si nécessaire, en fonction des nouvelles problématiques qui peuvent apparaître au travers des modifications de la clinique.

Le rêve et son interprétation

Les avancées des travaux de psychophysiologie et de neurologie concernant le rêve alimentèrent un temps la polémique sur la place et l'usage que l'on fait du rêve en psychanalyse. Concernant le rêve, les travaux réalisés depuis Freud ont permis de mettre en évidence les processus biologiques producteurs du rêve. Citons notamment les travaux de Michel Jouvet. En 1959 cet auteur a découvert le fait que le rêve accompagne une des phases du sommeil, ce qu'il a appelé le sommeil paradoxal car il s'agit d'une phase entre le sommeil et la veille, comme un troisième état du cerveau qui se trouve, à ce moment, activé d'une façon particulière. Il ne s'agit donc pas d'un sommeil léger, comme on l'a longtemps pensé, mais bien d'un autre état psychique. Cet état se retrouve particulièrement développé chez le nouveau-né et chez le chat (!). Il consomme en réalité beaucoup d'énergie. Le sommeil paradoxal est caractérisé par son apparition de l'ordre de 90 minutes après l'endormissement. L'électroencéphalogramme montre l'équivalent d'une attention vigile, et on observe des mouvements oculaires rapides (alors que le reste du corps est atone). Il dure une vingtaine de minutes et se manifeste quatre ou cinq fois par nuit. Il peut être accompagné d'érection.

Cette auto-activation cérébrale (selon J. A. Hobson), sans fonction vitale, se manifeste, chez l'adulte, environ deux heures par nuit. On a ainsi pu calculer qu'une personne de 70 ans a passé six années complètes à rêver ! C'est dire qu'on ne peut négliger ce phénomène ! Jouvet a pu ainsi mettre en évidence le mécanisme physiologique du rêve, une activité cérébrale qui mobilise l'hypothalamus, l'hypophyse et le bulbe ou activité ponto-géniculo-occipitale (PGO). Mais si le mécanisme du rêve est de mieux en mieux cerné, ses fonctions restent encore énigmatiques. Cette activité est présente dans le règne animal à partir des oiseaux et chez tous les mammifères, elle semble liée à l'homéothermie, elle se trouve présente de façon plus importante dans les organismes immatures. Michel Jouvet a considéré que le rêve pouvait être lié à la mémoire génétique, que cette activation serait nécessaire pour entretenir la programmation génétique contre les influences de l'environnement. De ce point de vue, le rêve serait utile à l'individuation. Mais cet auteur souligne la grande part d'inconnu encore de ce phénomène et il considère qu'il n'y a pas d'explication causale simple du rêve, mais qu'il résulterait plutôt d'un ensemble de causes. Alors, bien sûr, on est loin de l'affirmation de Freud « le rêve, gardien du sommeil », par exemple. Mais cela est bien normal puisque cette affirmation date d'un siècle et de l'état des recherches des années 1900.

■ Le rêve auto-activation cérébrale ?

Hobson (1988) considère que la théorie psychanalytique, freudienne, du rêve est superflue car, pour lui, tout est mécanique dans la production du rêve, et tout est devenu « transparent » (rapport, par exemple, entre les mouvements oculaires et les images du rêve). Il y aurait une isomorphie entre le cerveau et l'esprit. Le rêve ne serait plus à considérer que comme une activité cérébrale, une sorte d'auto-activation, d'auto-entretien de la machine, en quelque sorte.

Nous ne pouvons que nous réjouir de l'avancement des connaissances. Pourtant un certain nombre de psychanalystes se sont désintéressés du rêve, en ont minimisé l'importance dans la cure, dans les séances de psychanalyse. Ce qui reste toutefois essentiel, pour la psychanalyse, c'est le rapport du rêveur à son activité de rêve. Puisqu'il est maintenant prouvé que nous rêvons tous, que c'est même physiologique, comment expliquer tant d'oublis voire tant de témoignages de personnes qui « ne rêvent pas », et qui n'ont donc aucun rapport avec cette partie de leur fonctionnement psychique ? Que faisons-nous de nos rêves ? C'est à cette question que s'intéresse le psychanalyste.

Pierre Benoit, médecin et psychanalyste, s'est particulièrement intéressé à la façon dont le phénomène biologique est infléchi, chez l'homme, par sa subjectivité, par l'introduction du langage. De cette façon l'homme est « cocréateur de sa propre physiopathologie », voire d'une « métabiologie humaine ». Tout ce que l'être humain vit au niveau de son corps est nécessairement traité psychiquement, intégré subjectivement. Sami Ali s'intéresse lui aussi à ce qui fait obstacle au rêve pour un individu : l'insomnie, le désintérêt porté au rêve, ou encore des contenus de rêves qui collent à la réalité, comme les rêves de travail. Il observe que ces conduites manifestent une sorte d'hyperadaptation à la réalité, l'impossibilité de s'en détacher pour se mettre en contact avec un contenu de rêve qui lie affect et images, témoin (et peut-être renforcement) de la subjectivité, théorie que cet auteur a développée dans son approche de l'imaginaire.

Parmi tous les auteurs et notamment les contemporains qui se sont intéressés à la question nous citerons encore Didier Anzieu (1985) qui a trouvé que les quatre phases du rêve décrites par la neurophysiologie correspondent à trois types de rêves qui, pour lui, répondent à des principes différents et complémentaires du fonctionnement psychique :

- la première phase est celle des images hypnagogiques, images sensorielles correspondant à l'endormissement, période de désorganisation liée à la désintrication entre corps et psychisme. C'est le moment du désinvestissement de la réalité ;
- la deuxième phase correspond au passage au sommeil lent, elle est marquée par une activité onirique intense liée à la perte de contrôle et laisse apparaître des terreurs nocturnes, des cauchemars ;
- la troisième phase est celle du sommeil lent, sans rêves. Elle correspondrait, pour cet auteur, au principe du Nirvana ;
- la quatrième phase correspond au sommeil paradoxal, c'est le temps du rêve qui correspond au principe de plaisir.

Cet auteur trouve que les travaux récents ne mettent pas fondamentalement en cause l'approche psychanalytique du rêve, mais lui apportent plutôt des éléments supplémentaires et une compréhension plus précise. Il propose de considérer que le rêve a une fonction vitale dans la reconstruction quotidienne de l'enveloppe psychique, cette protection du Moi vis-à-vis des agressions extérieures, contre les microtraumatismes accumulés.

Le rêve de Jean

Jean a rêvé qu'il sortait de sa chambre par la fenêtre, il volait jusqu'à Paris, survolait des quartiers précis, la tour Eiffel, le Sacré-Cœur, etc., ce qui était très agréable, n'était ce petit air frais qui commençait à l'incommoder. Il poursuivit son vol jusqu'au quartier latin et atterrit discrètement à son travail (replia ses ailes), s'installa comme à l'habitude à son bureau, très satisfait de son aventure.

Voler est un grand rêve de l'humanité, pouvoir décoller, être dégagé de la pesanteur, des contraintes physiques. C'est encore une illustration du rêve considéré comme réalisation de désir. Et ce décollement de la réalité quotidienne, peut être rapproché de moments physiques et/ou émotionnels intenses comme l'orgasme, l'extase, etc.

On trouve fréquemment le cauchemar d'être poursuivi ou pris dans une situation catastrophique et de ne pouvoir se sauver, d'être paralysé, de ne pouvoir crier. En suivant les propositions de D. Anzieu, ces cauchemars feraient partie de la phase de passage au sommeil lent pendant laquelle, effectivement, nous perdons nos moyens de défense physiques. Ce qui reste toujours aussi important pour la psychanalyse, c'est la façon dont le contenu du rêve est lié à l'histoire de l'individu, et le récit du rêve reconstruit pour être présentable au Moi. Ce sont ces processus de reconstruction (le travail du rêve) qui sont alors analysés. Il convient de distinguer : la production de rêve (ses conditions neurophysiologiques en particulier), le contenu des récits de rêves, l'usage que le rêveur fait de ses rêves, enfin, l'interprétation des rêves et l'hypothèse d'un niveau latent. Précisons encore qu'on a parfois confondu le fait que Freud affirme que le rêve est la réalisation d'un désir, avec l'idée que les contenus de rêve seraient tous de nature sexuelle. Ce que déjà de son vivant Freud a été amené à corriger. Dans l'interprétation des contenus de rêves il y a un reste d'inconnu. Il n'y a pas un seul sens logique mais beaucoup de ramifications possibles.

Rêves de complaisance et rêves pénibles

Il y a encore deux cas particuliers de rêves qui ont alimenté les discussions :

- les rêves de complaisance, les rêves suggérés démontrent un phénomène d'influence sur le rêve. Ainsi, dans la cure psychanalytique, l'analysant peut être amené, de façon inconsciente, à produire des rêves « pour faire plaisir » au psychanalyste. C'est pour cela que c'est toujours dans la relation transférentielle qu'il convient d'interpréter le rêve.

- les rêves pénibles, les cauchemars. Freud distingue les rêves d'angoisse et de punition (correspondant à un conflit identificatoire œdipien), des rêves traumatiques qui correspondent à l'incapacité du psychisme à lier l'excitation à la source de l'effraction subie. Leur caractère répétitif correspond à une tentative de maîtrise rétroactive. La discussion a porté ici sur l'affirmation de Freud selon lequel le rêve est une réalisation de désir : comment expliquer alors ces rêves pénibles ? Freud s'est heurté lui-même à cette difficulté.

On voit que les connaissances plus récentes présentées ci-dessus, notamment les apports de D. Anzieu, rendent ces phénomènes plus acceptables et compréhensibles.

L'origine des maladies

Il s'agit, lorsque l'on aborde les critiques adressées à la psychanalyse, d'un chapitre difficile. Freud ne cachait pas son ambition de trouver des causes psychiques aux névroses en particulier, et peut-être même à d'autres affections mentales. Même si, de sa formation médicale, il retenait l'espoir d'autres avancées biologiques.

Les premières générations de psychanalystes ont eu tendance à maximaliser cette ambition, à s'identifier à elle, et à s'appuyer sur ces élaborations théoriques comme sur des fondements définitifs, devenus ainsi progressivement dogmatiques dans les écoles de psychanalyse. Certains auteurs n'ont alors pas hésité à opérer des raccourcis et simplifications extrêmes : tout était joué à cinq ans, la mère était à l'origine de la pathologie de l'enfant, etc. Ces excès ont fait du tort à certaines familles paradoxalement culpabilisées et, en retour, au mouvement psychanalytique lui-même.

Les exemples de la schizophrénie et de l'autisme

Bien qu'à des périodes un peu différentes, des psychanalystes ont considéré la relation maternelle comme ayant eu une incidence plus ou moins directe sur ces deux maladies. Ce qui a entraîné une forte culpabilisation des mères. On se rappelle, par exemple, le livre de Maud Mannoni, *L'enfant, sa maladie et les autres*[3] (au début des années soixante-dix), dans lequel l'auteur considère le désir de la mère pour son enfant comme ayant le pouvoir d'infléchir la maladie. Nous avions nous-même réagi, à l'époque, par une thèse visant à mettre en valeur la relativité de ce « pouvoir », l'impact de la pathologie de l'enfant sur la mère, et les conditions environnementales.

Ces abus ont eu des conséquences négatives reconnues actuellement par le milieu psychanalytique lui-même. On peut sans doute incriminer ici le manque de formation scientifique de beaucoup de praticiens et la transformation d'une théorie (faite toujours d'hypothèses) en une idéologie. Ce glissement toujours défensif permettant de ne plus s'embarrasser de certaines évidences cliniques. L'excès inverse est, lui, plus contemporain. Il est d'affirmer que tout vient du biologique et que les solutions à tous nos maux seront apportées par les découvertes à venir dans ce domaine. L'effet négatif de cette nouvelle idéologie est de dénier au sujet la souffrance psychique qui est la sienne et la dimension symbolique qui l'habite et le fait vivre.

Peut-on rester réaliste ?

Ce sujet qui a le pouvoir de tellement nous agiter s'accommode-t-il de réalisme ? Restons objectifs et notons que, malgré les années qui passent, au fond l'on ne sait toujours pas grand-chose de ces pathologies. On les a classées, déclassées, reclassées... On ne cesse de les disséquer à partir d'échelles d'évaluation nouvelles... mais peu de choses ont véritablement avancé. En revanche, certaines se sont modifiées, d'autres formes sont apparues, ce qui montre bien leur variabilité en fonction du temps et de l'évolution de nos sociétés. Alors soyons modestes. Mais comment le dire au public, confronté au non-savoir, sans produire une énorme déception ?

[3] *L'enfant, sa maladie et les autres*, Seuil, « Points Essais », 1974.

Questions relatives à la technique et sa mise en pratique

La méthode freudienne de l'interprétation des rêves a eu un succès qui n'a pu la protéger des effets pervers manifestés dans la recherche de recettes d'interprétations utilisées à tort et à travers, comme faire-valoir, prise de pouvoir, agression, etc. C'est ce que l'on appelle la « psychanalyse sauvage ». L'interprétation psychanalytique ne devrait pas sortir de son cadre, c'est-à-dire une relation qui lui donne sens et la rend utile. En dehors, elle est totalement arbitraire puisqu'elle n'est pas issue de la connaissance intime de la personne, de son fonctionnement inconscient. Elle fait alors violence à celui qui n'est pas prêt à l'entendre, ou elle est tout simplement un placage, c'est-à-dire en décalage complet avec la situation elle-même. Elle « tombe comme un cheveu sur la soupe » ! Par exemple, il ne saurait y avoir d'interprétation codée des rêves. Même si certains symboles peuvent être considérés comme relativement partagés dans une culture donnée, ils s'inscrivent chez chaque individu dans un contexte singulier.

Tout est-il résistance ?

C'est un argument qui a été souvent utilisé à tort par certains psychanalystes devant toute opposition, voire toute critique à l'endroit du travail psychanalytique (en séance), ou de la théorie. D'une part la défense n'est pas négative, elle ne peut être d'ailleurs jugée, car, si elle existe, c'est qu'elle est nécessaire à cet individu, dans cette situation. D'autre part, que l'intellectualisation puisse avoir une valeur défensive dans certains cas plus que dans d'autres, cela n'enlève rien à la qualité de ce qui est dit. Cela souligne seulement qu'il y a un autre niveau, émotionnel, pulsionnel, qui est tenu à l'écart de la conscience.

Enfin ce fut un mode d'argumentation stéréotypé de certains psychanalystes, dans les années soixante-dix en particulier, que de répondre systématiquement à leurs contradicteurs que leurs critiques étaient défensives, et que, d'autre part, ils ne pourraient rien comprendre tant qu'ils ne passeraient pas par le divan ! Ils manifestaient par là qu'ils avaient eux-mêmes encore un bon bout de chemin à faire pour se dégager de cette emprise sur eux-mêmes projetée sur les autres !

Analyse et synthèse : une reconstruction

On a reproché à la technique psychanalytique de déconstruire à force d'analyse, dans un mouvement réducteur, défaisant progressivement les liens, les relations, tout ce qui a constitué l'édification de la vie de l'individu. Elle ramènerait aux éléments les plus primaires. Et, surtout, elle ne propose rien d'autre, elle ne remplace pas ce qui a été ainsi analysé, elle n'offre pas de reconstruction.

Certaines formes de psychothérapies se félicitent, de proposer au contraire activement au patient des modèles ou de l'aider à reconstruire. La réponse c'est que le psychisme ne laisse pas de vacance, il est toujours actif, toujours à construire, reconstruire. Ainsi, le travail d'analyse incite nécessairement ce mouvement de reconstruction. On parle dans ce cas, notamment, d'un travail de réélaboration. Ainsi, par exemple, les souvenirs traumatiques, une fois abordés, analysés, se trouvent, justement, occuper une nouvelle place dans le fonctionnement psychique, intégrés et non plus enclavés.

L'argent et la psychanalyse

La psychanalyse coûte trop cher. C'est encore un argument critique. Pourquoi avoir à payer pour se faire écouter quand on connaît des bénévoles dévoués à leurs tâches sans réclamer aucune rétribution ? La rémunération est une question de professionnalisation et d'éthique. La séance de psychanalyse doit rester dans le cadre d'un travail reconnu, or tout travail reconnu est rémunéré. C'est ce qui garantit la distance nécessaire à la qualité de ce travail. C'est aussi ce qui permet à l'analysant de se positionner par rapport à ce cadre : il peut refuser de payer et donc arrêter. Il peut oublier, ne pas avoir la somme sur lui, etc., tous comportements qui s'analysent dans la relation au traitement et au psychanalyste. Le coût, bien adapté aux possibilités du client, est aussi un formidable moteur pour faire avancer le traitement. Bien sûr, il peut arriver que toutes ces conditions ne soient pas remplies, et que le traitement ne puisse se faire, ou bien s'éternise.

L'argent est un signifiant du don, très tôt mis en place dans les échanges de l'enfant et de son entourage, et ce, particulièrement, dans la phase de l'apprentissage de la propreté. Cette dimension anale occupe une place importante dans le développement libidinal de l'individu. Et il n'est pas rare, dans la vie quotidienne, de constater les comportements caractéristiques de nos interlocuteurs concernant le don, l'échange, le paiement, la comptabilité. Mais il est toujours plus facile de faire ces observations sur les autres ! L'argent donné au psychanalyste ne représente donc pas seulement, au niveau matériel, le paiement d'un travail, mais porte toute cette dimension symbolique. Il s'inscrit dans l'histoire de l'individu. Le paiement de l'analyste offre ainsi, dans le présent, l'opportunité d'une actualisation de problématiques anciennes, répétitives. C'est donc l'occasion d'analyser certains blocages, fixations, afin de trouver une plus grande liberté et décontraction aussi dans ce domaine !

Léonore et la note de restaurant

Léonore est une collègue réputée pour être excentrique, souvent à côté de la réalité. Ce jour-là toute l'équipe de travail décide de se retrouver au restaurant pour aborder les questions à l'ordre du jour dans un cadre convivial. Lors de l'envoi de la convocation, on décide de ne pas faire signe à Léonore car ce sera trop difficile d'avancer sereinement avec elle. Mais, le jour dit, au moment de partir, alors que déjà un petit groupe se trouve près de la porte, Léonore passe par là... et décide de s'associer ! L'embarras est grand dans le groupe mais, comment faire, on ne peut clairement plus éviter sa présence. Léonore s'installe à un bout de la grande table, comme en maître. Contrairement à ses collègues qui tous décident de choisir le menu du jour, par souci d'économie et de rapidité, Léonore décide de commencer par une entrée copieuse et coûteuse, ce qui ne manque pas d'être remarqué. Arrivés à la fin du plat principal Léonore décide qu'elle ne peut rester plus longtemps, elle est maintenant pressée. Elle quitte donc la table, non sans préciser à l'oreille du chef d'équipe qu'elle réglera directement à la caisse. Le repas se poursuit normalement. Lorsque arrive le moment de régler la note, on constate que la commande de Léonore apparaît sur celle-ci. Renseignement pris, Léonore est bien partie sans payer ! Léonore n'a jamais réglé ce repas... façon à elle de faire payer à ses collègues son exclusion.

Je suppose que cette anecdote vous évoque d'autres notes pour lesquelles vous avez, vous aussi, pu rencontrer certaines difficultés (vous-même, ou votre entourage).

À la fin de ce chapitre sur les critiques de la psychanalyse, il faudrait encore considérer ici les débats portant sur des détails historiques. Toutefois, nous ne reprendrons pas ces critiques, auxquelles seuls les historiens peuvent répondre. Enfin, un certain nombre de critiques ont été progressivement intégrées à l'évolution de la théorie psychanalytique, la place de l'enfant, l'analyse de la sexualité féminine, la place de la culture, la famille comme partie de la pathologie et donc du traitement, les pathologies liées au groupe, etc. Ces développements ont aussi donné naissance, comme nous avons eu l'occasion de le voir, à différents mouvements, sociétés de psychanalyse. L'idéalisation, la sacralisation de la psychanalyse constituent des modalités défensives de la pensée, donc opposées à la démarche psychanalytique elle-même : elles ont parfois conduit à des blocages et des erreurs.

Les théories comme les pratiques psychanalytiques sont bien sûr critiquables. La modestie du praticien, la démarche du chercheur, doivent permettre d'utiliser positivement les critiques lorsque celles-ci sont fondées. Il reste un champ très ouvert de questions, de besoins cliniques auxquels les praticiens sont invités à offrir leurs compétences.

Partie IV

Les développements de la psychanalyse

« Il n'y a en principe aucun champ de manifestation des effets de l'inconscient auquel ne soit applicable la méthode psychanalytique, même si, par suite d'une résistance inconsciente chez les psychanalystes eux-mêmes, les modalités spécifiques de production et de traitement de ces effets n'y ont point encore été trouvées. »

D. Anzieu, *Le groupe et l'inconscient*.

Dans les faits, on ne peut que constater la diversité et la richesse de la psychanalyse, aussi bien dans les théories, que dans les pratiques ou dans les figures représentatives. Depuis l'époque freudienne, plusieurs générations de psychanalystes, dans le monde entier, ont œuvré pour poursuivre et développer la pratique et la théorie psychanalytiques, discipline qui, centrée sur le cas clinique, se trouve, de fait, à la fois enrichie et mise à l'épreuve, par la diversité des situations cliniques rencontrées. La diversité des cultures concernées, l'évolution rapide des sociétés, ne pouvaient pas ne pas avoir un impact sur la psychanalyse. Et ce, même si des gardiens de l'orthodoxie ont pensé devoir protéger la profession et dénoncer comme non psychanalytiques un certain nombre d'initiatives. Nous verrons que, malgré ce frein, la réalité des pratiques et des théories démontre l'importance de ce développement. C'est qu'on observe, au cours des années, de nombreuses propositions théoriques (nouveaux concepts) dont certaines susceptibles de remettre en cause quelques idées déjà bien établies (on pense, par exemple, à la façon dont la place du complexe d'Œdipe a été discutée par O. Rank ou M. Klein), et beaucoup d'initiatives d'adaptation de la pratique.

Un projet compromis

J'ai complètement oublié ! Combien de fois avons-nous prononcé ces mots lorsque notre interlocuteur nous regardait dans l'attente... Combien de fois nous sommes-nous reproché ce manquement ? Pour être très courant, il n'en est pas moins intéressant.

Combien de fois nous sommes-nous retrouvés du côté du fautif ou de sa victime ? Situation qui, bien que très banale, voire anodine, laisse des traces (gêne, culpabilité, etc.).

Avec des collègues nous prenons rendez-vous pour une prochaine réunion. En mon for intérieur je trouve que cela fait beaucoup, déjà trois fois en quelques jours et nous n'avançons pas vraiment, mais j'exprime mon accord pour ce prochain rendez-vous. Un collègue souhaite que nous en avancions l'heure, après tout, c'est les vacances, nous pouvons plus facilement nous arranger, ce sera donc 18 heures à la place de 19 heures.

Quelques jours après je réalise que ce mercredi où nous devons nous retrouver est déjà bien chargé : j'ai des rendez-vous tout l'après-midi et je terminerai donc avec la rencontre de ces collègues. J'ai des idées pour le projet en question, mais je pense qu'il y aura un rapport de pouvoir car nous n'avons pas les mêmes orientations théoriques. Je viens avec cette proposition, bien à l'heure, mais... à 19 heures ! Du cercle de réunion il ne reste que deux collègues qui me signalent mon erreur, s'en étonnent car ils se rappelaient que ce changement d'heure avait bien été entendu. Je regarde mon agenda et remarque que j'avais noté 19 heures (c'était donc au moment même du rendez-vous que mon inconscient avait joué ce rôle perturbateur). Je comprends que je ne dois pas insister pour participer à ce projet !

Si l'on sort d'un certain dogmatisme mis en place très tôt dans le mouvement psychanalytique, en raison sûrement de la diversité des développements internes et des risques que celle-ci semblait faire courir au mouvement, à l'observation de la réalité on ne peut qu'être frappé par la grande diversité des cliniciens se réclamant de la psychanalyse, et de leurs supports théoriques.

Tout d'abord, et même si au moins au début il y eut une prédominance du corps médical, les psychanalystes viennent de professions variées, psychologues, psychiatres, médecins (autres spécialités), mais aussi philosophes, sociologues, linguistes, etc., c'est là, déjà, une raison pour des approches sensiblement différentes. Être médecin psychanalyste ou philosophe psychanalyste, par exemple, correspond à des cultures qui peuvent parfois aller jusqu'à s'opposer, notamment pour ce qui concerne le rapport au soin, à la dimension thérapeutique.

Quant aux supports théoriques, les cliniciens usent en général d'une composition de plusieurs auteurs, très personnalisée en fonction de leur propre parcours psychanalytique (leur analyste, leur école analytique, leur clientèle, etc.). Dans cette composition Freud tient toujours une place importante, et c'est là un de leurs points communs (en tout cas en France). Car les variantes kleiniennes, lacaniennes, sans compter les jungiennes ou les reichiennes, par ex., amènent des différences non seulement théoriques mais aussi techniques qui peuvent, dans certains cas, être très importantes. Tous reconnaissent l'œuvre de Freud comme fondamentale, et tous partagent une passion pour l'exploration et la compréhension de la réalité psychique dans ses continents les plus obscurs. De plus, tous se sont engagés personnellement, par leur propre cure psychanalytique, et positionnés professionnellement auprès de leurs clientèles.

Nous traiterons de ces développements et avancées en deux parties, les évolutions théoriques, et les évolutions pratiques.

Chapitre 7

Développements théoriques

> « *Les souffrances de la névrose et de la psychose sont pour nous l'école des passions de l'âme, comme le fléau de la balance psychanalytique, quand nous calculons l'inclinaison de sa menace sur des communautés entières, nous donne l'indice d'amortissement des passions de la cité.* »
>
> J. Lacan, *Écrits I*.

La théorie psychanalytique s'est développée, particulièrement dans certains pays comme la France, sous la forme d'un fait de culture qui, désormais intéresse toute la société. Cette extension remarquable n'a pas été sans poser un certain nombre de problèmes. Passer de la transmission clinique, à partir d'une initiation personnelle très impliquante, la cure psychanalytique, à une approche livresque, purement intellectuelle, voire médiatique, a amené beaucoup de malentendus et des abus d'interprétation parfois dangereux. Ce qui ne manqua pas d'entraîner, en retour, parfois de vives critiques, les abus venant alimenter les détracteurs d'une théorie dérangeante.

Du petit groupe du mercredi qui entoure Freud naît l'idée d'appliquer la psychanalyse non seulement dans la compréhension et le traitement des symptômes hystériques, mais plus largement, aux productions de l'esprit humain, la littérature en particulier. Freud s'y emploie, par exemple, dans son étude sur la *Gradiva* de Jensen : *Le délire et les rêves dans la* Gradiva *de*

Jensen, écrite en 1907. Il se montre alors admiratif devant l'intuition de l'auteur, la finesse de son analyse psychologique des personnages. Cette application de la psychanalyse à la culture n'a pas été sans écueils, mais elle fut récompensée par un élargissement conséquent de l'influence de la psychanalyse sur notre société.

Beaucoup d'intellectuels s'intéressèrent à la théorie, à cette approche bien particulière de l'inconscient, et l'utilisèrent dans leurs propres domaines de connaissance. De nombreux créateurs également se sont inspirés des thématiques psychanalytiques, voire de la méthode des associations libres, pour stimuler leur propre créativité. Des critiques d'art, des biographes ont voulu réaliser une certaine lecture des problématiques personnelles des créateurs pour éclairer leurs productions, de même que, dans les hôpitaux psychiatriques, certains soignants retrouvaient dans les productions littéraires ou picturales des malades mentaux, des projections de leurs pathologies. Mais ce genre d'application d'une lecture psychanalytique en dehors de tout contexte clinique, relationnel, fut, par la suite, vivement critiqué.

À la même période un certain engouement populaire s'est aussi emparé de quelques concepts comme d'une nouvelle clé des songes… ce qui fut à l'origine de ce que l'on a appelé la « psychanalyse sauvage », rendant compte du caractère déplacé de ces utilisations, d'une part, et des violences qui peuvent en résulter pour les personnes intéressées, d'autre part. Ce fut ainsi le prix à payer du succès de ces idées.

À côté de ce déploiement culturel, nous nous arrêterons maintenant à plusieurs axes qui concernent plus directement, d'une part la théorie psychanalytique, d'autre part l'extension des pratiques psychanalytiques. Sur le plan de la théorie, on constate de nouvelles approches, des approfondissements, et la proposition de nouveaux concepts.

Développements et nouvelles théories

Commencer par les États-Unis c'est tenir compte de l'importance de la diaspora dans le cercle des premiers psychanalystes. Nous avons déjà évoqué l'émigration de nombreux psychanalystes au début des années 1930 vers les États-Unis et la Grande-Bretagne (dont un peu plus tard, Freud lui-même, à Londres). Ce déplacement eut aussi des conséquences importantes sur le plan de l'orientation théorique comme nous allons le voir maintenant.

En 1909 Freud est invité aux États-Unis où il se rend en compagnie de Jung et de Ferenczi pour donner des conférences à l'université de Worcester dans le Massachusetts. Malgré l'accueil reçu, Freud restera méfiant à l'égard du pragmatisme, comme à l'égard du puritanisme américain. Plusieurs des premiers psychanalystes feront le voyage en Amérique et certains seront tentés d'adapter la théorie au contexte puritain, car c'est bien sûr la question de la place donnée à la sexualité qui reste la pierre d'achoppement. Le mouvement psychanalytique américain a été à l'origine de deux développements spécifiques, l'*ego psychology*, c'est-à-dire un retour à un intérêt porté au Moi plus qu'au versant pulsionnel de la personnalité (le Ça), d'une part, le culturalisme, d'autre part. Tout deux ont en commun une prise en compte de l'environnement du sujet, la tentative d'enrichir la théorie de cette dimension. Pour certains, cette tentative a conduit jusqu'à la rupture avec la psychanalyse elle-même.

L'ego psychology (psychologie du Moi)

Avec Heinz Hartmann, ce courant de pensée s'est développé sur la scène psychanalytique américaine, l'École de New York en particulier, au milieu du XXe siècle. Il partage l'idée d'une adaptation à l'environnement, à la société. Ce courant sera très critiqué notamment par l'importance donnée au Moi au détriment du Ça (l'apport précisément freudien !) d'où la réintroduction du terme de psychologie dans sa dénomination.

Un Moi « fort » est perçu comme source de santé et de bonheur, l'autonomie est recherchée par le contrôle pulsionnel. Ce courant est à l'origine d'une psychanalyse médicalisée, soucieuse d'hygiène et de prévention. L'inconscient freudien y a peu de place comparativement aux préconscient et conscient.

Mais ce courant est aussi celui qui développe la notion de relation d'objet, qui souligne ainsi l'importance de la relation elle-même sur le développement, donc de la qualité de l'entourage de l'enfant. Un de ses illustres représentants sera D. W. Winnicott avec sa notion de « mère suffisamment bonne », son insistance sur la qualité des relations précoces pour le bon développement de l'enfant.

Avec ce courant de pensée le débat est porté entre les partisans du modèle pulsionnel et ceux de la relation d'objet. Qu'est-ce qui prime ? L'organisation pulsionnelle initialement présente chez tout sujet, ou les relations développées avec son environnement ? Certains psychanalystes trancheront, d'autres tenteront progressivement d'intégrer cette nouvelle perspective sans renier le modèle initial. Ce fut le cas, notamment de D. W. Winnicott qui, de ce fait, eut une très grande influence sur tout le développement de l'approche psychanalytique des enfants.

■ Psychologie et sociologie

Si Freud cherchait à articuler le biologique et le psychologique, l'ego psychology tenta, par la suite, d'y associer le social. Dans ce cadre, certains psychanalystes, comme Erich Fromm, s'engageront dans la politique (le communisme).

Après Freud, le Moi reste un sujet polémique. Deux courants de la psychanalyse anglo-saxonne naissent de ce débat : l'ego psychology et la *self psychology*, l'un à partir du Moi et l'autre du *Self*, le Soi. La propre fille de Freud, Anna, va réhabiliter le Moi et son intérêt en psychanalyse, mettant en avant son rôle adaptatif vis-à-vis de la réalité.

Et tandis que Heinz Hartmann développe particulièrement cette nouvelle orientation avec l'ego psychology, Mélanie Klein propose d'intégrer à la théorie psychanalytique cette autre notion du Self, à partir de 1950, pour rendre compte, notamment de processus plus archaïques, lorsque le Moi n'est pas encore différencié en tant que tel.

Les courants de Mélanie Klein et de Jacques Lacan s'opposeront vivement aux développements « moïques » de la théorie (influences d'Anna Freud et de Heinz Hartmann, en particulier) pour ramener l'inconscient au premier rang. Tous deux s'appuieront sur une conception du développement précoce de l'individu (les stades préœdipiens pour M. Klein, le stade du miroir pour J. Lacan), pour proposer deux théories toutefois radicalement différentes l'une de l'autre.

■ Jacques Lacan

Pour Lacan, le Moi est fondamentalement lié au miroir et donc au leurre, à ce qu'il va désigner comme l'imaginaire. Le *Je* de la parole, sa place dans le discours de l'enfant, se dégage à partir de l'expérience de la reconnaissance de son image « moi » dans le miroir. La parole, le discours du sujet est donc pris ontologiquement dans ce processus. Les mots, qui signifient (les signifiants), renvoient au sens, au signifié. Le discours se trouve lui-même pris dans ce jeu entre conscient et inconscient.

Les théories relatives au Moi constituent ainsi un grand chapitre de l'histoire de la philosophie, de celle de la psychologie, et, plus fondamentalement encore, de celle de la psychanalyse.

Le mouvement culturaliste

« La différence entre une névrose et une sublimation est constituée, évidemment, par l'aspect social de ce dernier processus. Une névrose isole ; une sublimation unit. Dans une sublimation quelque chose de nouveau est créé – une maison ou une communauté, ou un instrument – et il est créé au sein d'un groupe et pour l'usage d'un groupe. »

G. Roheim, *Origine et fonction de la culture.*

Au début de ce mouvement, des psychanalystes, des ethnologues, des anthropologues, s'interrogent sur l'universalité de la théorie freudienne, sur les concepts comme le complexe d'Œdipe, par exemple. Margaret Mead et Ruth Benedict proposent de parler de personnalité « modale » tandis qu'Abram Kardiner développe le concept de « personnalité de base », ceci afin de considérer qu'il y a un noyau culturel à la base du développement de tout individu, imprégnation qui lui permettra de s'adapter à la société et, en même temps, confortera celle-ci.

Karen Horney a particulièrement travaillé sur les traits psychologiques liés au genre, au féminin, par exemple, et montré l'importance du conditionnement réalisé par la société. Elle a dénoncé la société américaine puritaine comme étant, par ses contradictions et ses paradoxes, à l'origine des conflits intérieurs de l'individu, et donc de la névrose. La conclusion logique est alors que c'est la société qu'il faut soigner ! Harry Stack Sullivan arrivera à la même conclusion à partir de sa pratique de psychiatre avec les schizophrènes.

Nous citerons encore Geza Roheim qui a analysé l'intérêt que présente la culture pour l'individu, comme espace créatif et élément d'union, au même titre qu'Éros. De ce point de vue, la culture qui unit les individus est opposée à la névrose qui isole et produit de l'inadaptation et de la souffrance.

Karen Horney, le culturalisme

Psychiatre et psychanalyste (1885-1952), Karen Horney (née Danielsen) est originaire d'une famille protestante. Après une première analyse avec Karl Abraham, elle soutiendra l'idée d'une auto-analyse. Elle fut la première femme de l'Institut de psychanalyse de Berlin. Elle critiqua la position freudienne quant à la sexualité féminine. Elle émigra aux États-Unis où elle fut intégrée dans la société new-yorkaise de psychanalyse où elle enseigna avec succès. Elle ne put pourtant y rester et fut amenée à créer son propre mouvement en fondant l'association de psychologie avancée (AAP) où elle accueillit des dissidents célèbres du freudisme ayant une orientation culturaliste, tels que Sullivan, Mead et Kardiner. À la fin de sa vie elle développa une nouvelle approche « la réalisation de soi » (qui rappelle son intérêt pour l'auto-analyse). L'ensemble de son œuvre montre ainsi sa volonté de se dégager des préjugés, des contraintes, notamment celles pesant sur la condition féminine, et sa conviction de l'influence des cultures sur les comportements et sur les pathologies.

On lira par exemple : *La psychologie de la femme* (1967), Payot, Paris, 1969, et *L'autoanalyse* (1943), Stock, Paris, 1993.

Depuis la fin du XXe siècle, la clinique américaine s'étant centrée sur les techniques comportementales, cognitives et les traitements biologiques, la psychanalyse a eu à subir, dans ce cadre, un certain nombre d'attaques.

L'apport lacanien

« Ce que je cherche dans la parole, c'est la réponse de l'autre. Ce qui me constitue comme sujet c'est ma question. »

J. Lacan, *Écrits I*.

L'objet de la pulsion et le manque

Lacan a souligné une autre spécificité de cette relation à l'objet, c'est que, quel que soit l'objet, il n'y a jamais de satisfaction totale, il reste toujours un manque. C'est ce qui relance toujours le processus, la recherche d'une autre satisfaction. De même qu'il considéra que les pulsions sexuelles sont toujours partielles, qu'il n'existe pas, à ce niveau de synthèse, d'unification, même sous le primat de la génitalité. Cette place donnée au manque, voire au ratage, caractérise l'objet de la pulsion selon cet auteur qui en a fait un nouveau concept « l'objet petit *a* ».

Lacan et l'inaccessible : le modèle des trois registres

C'est cette conception de la pulsion qui amènera Lacan à sa notion de « réel » en tant qu'entité distincte de la réalité. Le réel lacanien est ce qui échappe toujours au sujet, l'objet toujours raté de la quête d'une satisfaction comblante. C'est, plus largement encore, ce qui échappe à la parole, c'est-à-dire à cette production symbolique qu'est le langage. On n'a pas accès à cette « transparence » si prisée de nos jours qui ne laisserait rien derrière elle. Au contraire, le réel est ce reste, l'impossible, l'innommable, l'inaccessible. Cette notion est donc corrélative des deux autres notions du système lacanien : l'imaginaire et le symbolique. Le réel apparaît dans l'hallucination, il fait alors irruption dans la réalité comme quelque chose d'étranger au sujet, une chose réelle, perceptible très précisément (mais qui n'existe pas). Nous avons vu précédemment des exemples d'hallucinations positives et négatives, dans la vie quotidienne (à l'état de veille et, surtout, dans le rêve).

L'imaginaire et l'expérience du miroir

L'imaginaire se construit avec l'expérience du miroir. Nous n'avons pas d'autre accès à nous-même, nous nous reconnaissons donc dans une image, par une image (et encore une image inversée de notre personne). L'imaginaire c'est le développement de ces images dans le rêve, dans le fantasme, par exemple. Le symbolique, part culturelle de l'être humain, dont le langage est le paradigme, est, selon Lacan, attaché à la fonction paternelle, celle qui nomme et, de cette façon, inscrit le petit d'homme dans une généalogie et un monde symbolique qui lui préexistent (le Nom du père). De ce point de vue la fonction symbolique est castratrice par rapport au fantasme de toute-puissance de l'enfant. La réalité humaine ne peut s'entendre sans celle-ci. La psychanalyse a justement à se confronter, par son approche clinique, avec le réel, visée du désir inconscient.

La modélisation

À la suite de Freud, Lacan est à la recherche d'une modélisation. Il s'inspire des données de la logique et des mathématiques pour rendre compte, tenter une écriture qui vise à schématiser ces rapports de nouages entre ces trois registres du fonctionnement psychique que sont le réel, l'imaginaire, le symbolique. Cette conception montre aussi qu'il ne peut y avoir de science exacte pour rendre compte du réel, ce dernier échappant toujours à une formalisation dans le registre symbolique.

Le stade du miroir

C'est le psychologue Henri Wallon qui en 1931 considéra l'importance décisive de l'expérience du miroir pour le développement de l'enfant, première étape dans la reconnaissance de soi. L'image du miroir est l'espace imaginaire dans lequel le Moi trouve une unité. J. Lacan a repris quelques années plus tard cette observation pour en faire un fondement de sa théorie. Ce concept permet de rendre compte du narcissisme primaire et des identifications. L'enfant a accès à lui-même en tant qu'entité par l'intermédiaire de son image dans le miroir. On comprend bien ici le lien avec le mythe de Narcisse se mirant dans l'eau. C'est d'ailleurs d'abord la personne qui le porte ou est à côté de lui que l'enfant reconnaît, et c'est aussi celle-ci qui confirmera par la parole l'expérience de l'enfant en le nommant (« *Oui, c'est toi* »). L'enfant pourra désormais s'identifier à cette image qui lui reflète son unité propre. Sans miroir l'enfant ne se voit que par le regard de l'autre. On observe aussi couramment comment l'enfant, mis en présence d'un autre enfant, sera entraîné à une certaine confusion. On verra ainsi celui qui bat l'autre, venir se plaindre des coups reçus, ou celui qui observe une blessure pleurer à la place du blessé (on appelle cela le *transitivisme*).

Lacan développera dans sa théorie toutes les conséquences de cette dépendance, et, fondamentalement, l'aliénation initiale de tout être humain.

Donald Woods Winnicott : espace et objet transitionnels

> *« Si la mère s'adapte suffisamment bien aux besoins de l'enfant, celui-ci en tire l'illusion qu'il existe une réalité extérieure qui correspond à sa capacité personnelle de créer. »*
>
> D. W. Winnicott, *De la pédiatrie à la psychanalyse*.

Cet auteur britannique que nous retrouverons au sujet de la psychanalyse des enfants, a mis en évidence une aire d'expérience à la fois différente de la réalité matérielle et sociale, et du monde intrapsychique. Il s'agit d'une zone qui se met en place chez le bébé, avant qu'il ait conscience précisément de son existence autonome, ou de celle de sa mère, ou encore des personnes de son entourage.

La faute d'orthographe

Alors que j'écris ces lignes, je tape « mpère » au lieu de « mère », je corrige mon erreur. Mais je constate que cette faute d'orthographe n'en est pas une dans le contexte de cet auteur. C'est, en effet, l'entourage du bébé qui est signifié dans l'idée de « mère suffisamment bonne » qu'il a développée. Mais un entourage qu'il considère comme ayant une fonction fondamentalement maternelle. On sait que Lacan sera lui, au contraire, amené à insister sur le rôle essentiel de la fonction paternelle… Ma faute correspond donc à une sorte de condensation de ces pensées.

Il y a une quinzaine d'années une enseignante eut l'idée de s'intéresser aux fautes d'orthographe faites par les jeunes élèves dont elle avait la charge. S'intéresser, non pour les corriger rageusement en rouge et compter les points à déduire, mais pour en dégager des pistes de créativité, des pistes de sens... C'était Elisabeth Bing qui a raconté son expérience dans son ouvrage *Et je nageais jusqu'à la page*[1]. Depuis les ateliers d'écriture inspirés de cette ouverture aux ratures de l'inconscient se sont beaucoup développés, tant une telle approche ouvre au plaisir d'écrire sans redouter la faute, et au plaisir de trouver du sens, même là où on croit avoir échoué à dire.

[1] *Et je nageais jusqu'à la page*, Éditions des Femmes.

Pour Winnicott, l'objet transitionnel est déjà ce nounours que l'enfant garde toujours précieusement avec lui, ou encore ce bout de chiffon qu'il ne faut surtout pas lui retirer. Ce n'est pas encore un objet extérieur à lui, mais pas tout à fait lui quand même. Et de ces premières expériences au niveau individuel, la collectivité, les sociétés, ont développé la culture (arts, mythes, etc.) qui correspond pour chaque individu à une zone de jeu, de réalité malléable, adaptable, non contraignante, espace de pensée et de créativité.

C'est donc ainsi que Donald Woods Winnicott a apporté à la théorie psychanalytique de la réalité psychique un nouveau domaine d'exploration et de compréhension.

L'ambivalence

L'association d'affects opposés comme l'amour et la haine ressentis à l'égard d'une même personne, le père ou la mère, dans le cadre du complexe d'Œdipe, a été appelée par Bleuer l'ambivalence. Mais c'est Melanie Klein qui en a fait l'analyse et a montré la mise en place progressive de ce mécanisme de l'ambivalence chez l'enfant. Dans un premier temps le bébé, au contraire, guidé par son ressenti, clive l'objet (la mère ou son substitut), c'est-à-dire met une séparation étanche entre la mère qui correspond aux expériences de satisfaction – le « bon sein » – et celle qui frustre – le « mauvais sein ». Ce n'est que plus tard que l'enfant pourra reconnaître la mère dans ces aspects bons et mauvais comme une seule personne. Il pourra alors faire l'expérience de sentiments ambivalents à son égard. Cette ambivalence se retrouve d'ailleurs dans certaines expressions communes comme « dévorer du regard » l'objet aimé, reste d'un cannibalisme qui n'a pas toujours été fantasmatique !

À propos des complexes

Depuis Freud les psychothérapeutes ont démultiplié les usages de ce terme (complexe d'infériorité ou de supériorité d'Adler, complexe d'Électre, etc.). C'est Mélanie Klein qui s'intéressera très précisément à ce qui se passe avant le stade œdipien pour développer sa propre théorie sur la relation mère-enfant dès les premiers mois de la vie. Elle considère que des éléments de l'Œdipe s'observent déjà si précocement, tandis que les tenants de la self psychology vont eux s'intéresser au narcissisme et vont ainsi ajouter le mythe de Narcisse (amour porté sur soi) au mythe d'Œdipe (triangulation).

Lacan insiste sur le rôle du père, sa fonction symbolique. Il fait la loi en séparant l'enfant de sa mère, en rompant ainsi le lien fusionnel originel. L'être humain n'est donc pas soumis à l'instinct, il existe dans une société pourvue de langage. En associant son nom au prénom de l'enfant, le père inscrit ce rôle tiers.

Traumatisme de la naissance et complexe de castration

Ce complexe se trouve très fréquemment évoqué dans la clinique. Dans sa valeur symbolique, il a été élargi à toutes les séparations, les pertes significatives, à commencer par le retrait du sein, le sevrage, la perte des fèces, etc. Otto Rank a même fait le rapprochement avec ce qu'il appelle le traumatisme de la naissance, cette toute première séparation, celle du corps maternel. L'angoisse de castration serait l'écho de ces traumas à répétition.

Bâti sur l'expérience du manque ou de son risque (la castration), le complexe de castration est au fondement de la régulation des échanges entre les humains. Pour Lacan la menace de castration vient du père imaginaire, effrayant, à différencier du père de la réalité familiale qui peut ne jamais avoir prononcé une telle menace et avoir une personnalité très chaleureuse ! Lacan insistera sur la dimension symbolique, ce qui l'amènera à distinguer le pénis, objet réel, organe sexuel, du phallus qui, lui, est une représentation imaginaire. Cette distinction permettra de rapprocher les expériences de la fille et du garçon. En effet, tout enfant cherche à être le phallus (objet chéri, qui comble parfaitement le manque, et s'assure, de ce fait, de l'exclusivité de la relation) de sa mère. Dans la psychose, l'évitement ou le non-accès à la castration symbolique situe cette dernière dans le réel et peut ainsi conduire jusqu'au passage à l'acte de mutilation.

Traumatisme et séduction

Des prises de positions sur la question de la réalité psychique se succéderont : certains psychanalystes comme Mélanie Klein mettront l'accent sur le fantasme et, ce, déjà chez le bébé (fantasme du bon et du mauvais sein). D'autres, au contraire, soutiendront l'importance de la sexualité dans le réel, comme Wilhelm Reich (qui sera à l'origine du développement des techniques de la bioénergie), ou encore Sándor Ferenczi qui saura dénoncer l'hypocrisie de certains praticiens de la psychanalyse à l'égard de la question de la séduction.

Freud, au cours de sa carrière, reviendra plusieurs fois sur ces fausses évidences qui masquent une réalité plus complexe. Mais l'opinion publique s'emparera à nouveau de ce débat au cours des années quatre-vingt-dix, aux États-Unis pour faire retour à l'importance de la réalité matérielle des faits de violence morale ou physique, à leur dénonciation, au développement de la victimologie, à l'intervention postraumatique, ceci sur fond d'antifreudisme.

Nous connaissons aussi maintenant en France la popularité et la médiatisation des pratiques dites de *debriefing*, intervention rapide à l'occasion de toute situation traumatique pour rassurer et faire parler les victimes afin d'éviter un enkystement. Nous observerons qu'elles s'inspirent directement des travaux de Breuer, la *Talking Cure* (cure par la parole, citée plus haut), l'hypnose en moins, puisque l'on agit au moment même du traumatisme et non dans l'après coup (chez l'adulte ayant subi un traumatisme dans son enfance). La difficulté, c'est qu'en réalité, une situation traumatique (un cataclysme, une violence physique, un deuil, etc.), ne fait pas nécessairement traumatisme pour l'individu qui l'a vécue, elle s'associe immédiatement à des éléments de l'histoire individuelle qui donneront un sens ou non à l'événement. Aussi l'application mécanique : traumatisme-debriefing (faire parler) n'est-elle parfois malheureusement qu'une caricature de l'action psychologique.

Œdipe, la famille et le transgénérationnel

La référence à Sophocle a été très discutée, Œdipe ayant pris un tel développement dans les écrits psychanalytiques, souvent éloignés du texte originel. On a pu observer, par exemple, que la partie du mythe concernant les parents d'Œdipe, sa généalogie, a été laissée de côté, comme pour mieux dégager le fameux triangle œdipien père-mère-fils, l'isolant du contexte relationnel – de la pathologie familiale en quelque sorte – dont Œdipe a lui-même hérité. Ce choix pouvait correspondre à l'époque et au milieu bourgeois, berceau de la psychanalyse. De même, on peut observer que par cette version du mythe le rôle séducteur de l'enfant est seul pris en compte au détriment de la séduction de l'adulte observée dans le quotidien des abus sexuels.

Jean Laplanche et la question de la séduction

Cet auteur propose depuis quelques années la théorie de la séduction généralisée. Il s'agit de considérer que l'être humain se développe dans un contexte de séduction. Dès avant la naissance, l'enfant désiré ou non, est attendu garçon ou fille, c'est-à-dire dans l'une ou l'autre des deux catégories de sexe assignées dans nos sociétés humaines. Et cette assignation du genre, masculin ou féminin, est assortie d'attentes relatives aux comportements, aux modes de relation avec les différents membres de la famille. Ces attentes vont se manifester dans les attitudes, les messages non verbaux, les codes familiaux, tout ce qui imprègne l'environnement de ce nouvel enfant. Bien sûr le choix du prénom est un des actes forts de cette assignation. Dans ce cadre c'est le *sexual* des parents qui est mobilisé, c'est-à-dire que, selon Laplanche, l'arrivée de l'enfant réactive la sexualité infantile des parents. Cet auteur propose ainsi de distinguer la part de sexualité infantile (le sexual) chez l'adulte, du « sexuel » proprement dit.

Trois distinctions freudiennes

Freud avait distingué, concernant la sexualité, trois appositions : actif/passif, phallique/castré (l'enfant croit que tout être humain possède un pénis), et masculin/féminin. Cette dernière distinction a, depuis, été analysée, notamment par Robert

Stoller, comme l'assignation de genre. Il ressort maintenant de ces réflexions que cette dernière précède la prise de conscience que le jeune enfant fait de l'existence du sexe anatomique. Laplanche propose de considérer que « *le sexe vient traduire le genre* », c'est-à-dire que la découverte de la différence des sexes offre à l'enfant le code qui lui manquait pour décrypter tous ces messages reçus concernant le genre qui lui a été assigné par son milieu. C'est au cours des deux premières années que l'enfant fait ce chemin, de l'imprégnation au décodage. C'est aussi reconnaître que la séduction est première et que les parents y ont une part essentielle. Il ne s'agit donc pas seulement du développement de la sexualité de l'enfant à la phase œdipienne, mais bien d'une expérience d'abord énigmatique pour l'enfant, et de projections inconscientes des adultes, en même temps que la société orchestre ce partage des genres.

On voit que cette réflexion ouvre des perspectives sur les situations traumatiques, les abus sexuels, dont on sait qu'ils sont en très grande proportion le fait de proches de l'enfant. Elle ouvre aussi des perspectives sur la façon dont nos contemporains reposent la question du genre, leur positionnement par rapport au sexe, par rapport à ce que la société attend et tolère. Il nous est si évident d'identifier notre interlocuteur par son sexe *(« J'ai rencontré un homme dans la trentaine... »)*, c'est une telle évidence qui conditionne nos relations, que ces considérations ont quelque chose de troublant.

La sexualité féminine

«Tout ce qui touche au domaine de ce premier lien à la mère m'a paru difficile à saisir analytiquement, blanchi par les ans, semblable à une ombre à peine capable de revivre, comme s'il avait été soumis à un refoulement particulièrement inexorable. »

S. Freud, « Sur la sexualité féminine» in *La vie sexuelle.*

Tous ces développements laissent persister une butée de la théorie psychanalytique, présente déjà chez le fondateur, et qui concerne une partie non négligeable de la théorie puisqu'il s'agit de la sexualité féminine. Trop marqué par la mentalité bourgeoise et le patriarcat ambiant, Freud aura du mal à en percevoir toutes les implications. Il faudra attendre qu'un certain nombre de femmes psychanalysées s'intéressent elles-mêmes non seulement à la pratique mais encore à la théorie psychanalytique pour y apporter une approche complémentaire de la dimension féminine. Des premières psychanalystes, dont firent partie Lou Andréas Salomé, Hélène Deutsch, la plus connue est Marie Bonaparte à qui une série télévisée a été consacrée.

Mais il ne se dégage pas encore de grande avancée théorique, peut-être parce que le sujet eut une place importante dans la société elle-même (et dans les mouvements féministes), au carrefour du politique et du psychanalytique. Cette dimension partisane n'est pas favorable au travail psychique nécessité par l'analyse.

Les nouveaux défis

Chacun sait qu'on ignore encore comment la volonté collective vient à s'imposer chez les insectes qui vivent groupés. Peut-être est-ce par le moyen d'une transmission psychique directe de ce genre. On est amené à penser que ce fut là le mode primitif, archaïque de communication entre les êtres et qu'il céda ensuite la place à la méthode par signes perceptibles à l'aide des organes sensoriels. (...) Tout cela est encore obscur, plein d'énigmes non résolues, mais il n'y a pas lieu de s'en épouvanter. »

S. Freud, « Rêve et occultisme » in *Nouvelles conférences sur la psychanalyse*.

Plusieurs problématiques nous semblent constituer autant de défis pour la psychanalyse dans les années à venir. Nous en évoquerons quelques-uns.

L'inconscient

C'est d'abord le concept même d'inconscient, concept fondamental pour la psychanalyse. Son succès, et l'avancement des recherches, notamment en neurosciences, ont créé une situation où ce concept se trouve si largement utilisé qu'il conviendrait de s'assurer du sens qui lui est donné. Nous avons déjà observé les différences entre l'inconscient des philosophes, celui des biologistes et celui de Freud… Nous avons vu que l'inconscient freudien a pour originalité d'être produit par un processus défensif, le refoulement, à la suite d'une situation conflictuelle entre les instances psychiques, le Moi et le Surmoi, à l'égard des pulsions du Ça. Nous avons aussi indiqué la proposition que fit Jung d'un inconscient complémentaire à ce dernier, l'inconscient collectif, fait des archétypes, des éléments culturels qui circulent dans toute l'humanité. Ce dernier inconscient n'étant manifestement pas objet de refoulement, nous ne savons pas exactement comment il est produit. À la fin de sa vie Jung a fait l'hypothèse qu'il pouvait s'agir d'un phénomène psychique qui serait comparable aux traces physiques, anatomiques, de l'histoire de l'évolution humaine que chacun de nous porte dans son corps. Il y aurait, de la même façon, des éléments psychiques, archétypaux, comme des empreintes restées des cultures précédentes. À la suite de la notion de « personnalité de base » proposée par Abram Kardiner, un auteur actuel, J.-C. Rouchy parle d'« incorporats » culturels. Ces différentes propositions tentent de rendre compte de ce type de processus inconscient. D'autres problèmes sont venus, eux, de la psychopathologie car, si le refoulement était bien un processus psychique central dans la structure névrotique, les pathologies psychotiques et les nouvelles pathologies, les états limites, par exemple, nous ont obligés à considérer des fonctionnements plus archaïques, d'autres processus défensifs, jusqu'à l'idée d'éléments, non pas refoulés, mais comme restés enclavés. Quel inconscient conserve ces éléments ? Est-ce l'inconscient biologique ? Et ce dernier peut-il être simplement assimilé au non-conscient que Freud a proposé d'appeler le préconscient ?

Les progrès des neurosciences

À ces questions s'ajoutent les avancées de la neurologie, grâce aux nouvelles technologies comme l'imagerie cérébrale par résonance magnétique (IRM). Nous pensons particulièrement aux travaux sur l'empathie menés par les équipes d'Alain Berthoz et de Jean Decety, à la découverte des « neurones miroirs » qui en seraient le support biologique. On se rappelle que Freud (et aussi Jung au début de leur relation) était à la recherche d'une explication de ces phénomènes remarquables de la communication, phénomènes occultes, télépathiques etc. Les découvertes en cours à ce niveau vont nous amener à repréciser, réajuster un certain nombre de concepts. Les processus non conscients mis en évidence dans ce cas sont-ils assimilables aux notions précédentes ou nous amèneront-ils à distinguer encore d'autres formes d'inconscient ou d'autres processus ? Y a-t-il une synthèse théorique nouvelle possible de tout ce non-conscient qui constitue la plus grande partie de notre fonctionnement psychique ?

La sexualité

La question de la sexualité se pose maintenant dans un contexte bien différent de l'époque freudienne, exposée, exhibée, devenue une exigence sociale, elle se décline de toutes les façons (hétéro, homo, bi., trans., etc.) jusqu'à faire apparaître un mouvement de refus : le tout nouveau *no sex* ! Les nouvelles conceptions du corps en parties rechargeables, clonables, les nouvelles approches tendant à dégager le genre (social), du sexe (biologique), sont à l'origine de nouvelles revendications et libérations.

Ces changements ne sont pas sans résonances cliniques. C'est ainsi que l'on observe une disparition progressive, dans le développement des enfants, de la période dite de « latence », période importante de maturation dans un climat de calme relatif sur le plan sexuel, à la suite de la période œdipienne. Cette période traditionnellement située autour de 7-10 ans, réputée favorable au développement intellectuel et à la socialisation, par la disponibilité et la stabilité qu'elle offrait à l'enfant, ne se retrouve plus – ou de façon très écourtée – chez beaucoup d'enfants contemporains.

On observe, au contraire, chez un nombre croissant d'enfants, parfois très jeunes, un niveau d'excitation qui demeure relativement fort. S'en dégage une nouvelle catégorie, celle des « hyperactifs » dont l'agitation ne permet aucune attention, aucune concentration sur des tâches intellectuelles, scolaires, notamment. Cette hyperactivité est aussi un obstacle à l'adaptation sociale. La médicalisation qui en a été faite ces dernières années s'est développée, par souci d'efficacité, au détriment de la compréhension du contexte social dans lequel ces importantes modifications prennent place, et des conséquences de ces dérives.

La famille

La question de la famille, tout autant d'actualité, n'est pas sans relation avec les problèmes précédents. Depuis l'invention de la psychanalyse, la structure familiale s'est profondément modifiée, les rôles du père, de la mère, la multiplication des familles monoparentales, les premières familles homosexuelles, doivent nous amener à repenser les conditions du développement de l'enfant. Il faut encore ajouter à ces changements les nouvelles techniques de procréation qui modifient profondément les liens parentaux. Qu'en sera-t-il lorsque, dans un temps qui semble se rapprocher, la femme n'aura plus à porter l'enfant, à accoucher, mais seulement à offrir ses ovules ?

Que peut être la réponse de la psychanalyse à chacune de ces situations ? Certes elle sera toujours guidée par la subjectivité de la personne, enfant ou adulte. Mais il faut aussi que la recherche psychanalytique se développe et s'interroge à nouveau sur le développement psychosexuel de l'enfant de la nouvelle société qui se dessine.

La violence

L'atténuation de la sensibilité au sens moral que nous constatons depuis quelques années est alarmante. Est-ce le fruit de cette société de spectacle, société qui se vit dans le miroir de l'écran de télévision ? Est-ce le fait d'un anonymat et d'un constat d'impuissance liés à la mondialisation ? Lorsque valeurs et repères se trouvent profondément ébranlés, cette sorte de collectivisation négative nous offre déjà des signes tangibles au travers de la violence qui tend à se généraliser à tous les niveaux de la société, dans la rue, dans les banlieues, dans les familles, dans les cours de récréation, mais aussi dans toutes nos assemblées… On est ici bien loin du Surmoi oppressant que Freud dénonçait dans la bourgeoisie viennoise du tout début du XXe siècle !

Ce contexte de violence est d'ailleurs ce qui nous rapprocherait encore le plus de l'auteur de *Malaise dans la civilisation*, qui s'interrogeait sur la guerre, sur le nazisme. Mais, depuis, la violence s'est inventée de nouvelles formes, le terrorisme a envahi la scène internationale, tandis que les « tournantes » se sont instituées dans les bandes d'adolescents. Dans ces conditions, le groupe et le social ne font plus bon ménage, tandis que le réseau devient non pas le support, mais le substitut du lien social.

La relation

Nous sommes encore loin de mesurer l'influence de l'Internet, du téléphone mobile, sur nos relations (en quantité et en qualité), sur nos représentations du monde, des autres, etc. On a dit que ces nouvelles techniques de communication constituaient une des principales armes du terrorisme... Dans ce cadre encore, l'anonymat, d'une part, la multiplication des possibilités, d'autre part, ont ouvert la voie à une forme d'abstraction, celle du produit, plus ou moins virtuel, plus ou moins commercialisable, contexte dans lequel l'être humain, l'individu, se trouve comme aspiré dans un tourbillon, dépouillé de sa subjectivité.

Dans cette situation, il existe encore un chemin tout ouvert, refuge pour certains, source d'espoir et de nouvel engagement pour d'autres, dont le processus sectaire (religieux ou non) est le plus sûr porteur. L'inconscient est foncièrement croyant, nous rappelait Daniel Widlöcher lors d'un congrès récent. Cette crédibilité foncière est donc comme laissée à vif, en quête de support, les manipulateurs de tout poil en ont une profonde intuition, qui savent rentabiliser cette déshérence. Ce chemin n'est pas l'issue espérée, mais bien la réalisation de l'enfermement, l'aliénation du sujet.

Ces quelques évocations soulignent suffisamment l'ampleur de la tâche qui revient à tous ceux qui restent attachés à une certaine idée de l'homme.

Un blocage de psychanalystes

Je rencontre des amis et collègues analystes et pense à chaque fois leur demander s'ils ont un exemple de lapsus, d'acte manqué, de rêve etc., c'est-à-dire ces manifestations de l'inconscient au quotidien. Les uns après les autres m'assurent de leur intérêt. On me répond : *« C'est une bonne idée », « Je vais y réfléchir », « Je ne peux pas en trouver comme ça mais on en reparlera »*, etc. Je suis surprise et déçue du résultat, il me semblait que c'était si simple dans notre métier ! Heureusement quelques-uns seront plus disponibles à évoquer ces situations.

Je constate ainsi que la profession de psychanalyste n'assure pas automatiquement un accès ouvert aux manifestations de l'inconscient, rien qu'à l'idée d'évoquer ce qui échappe au contrôle, les psychismes se bloquent ! Nous mesurons là le degré de résistance, toujours actuel malgré les années de divulgation de la psychanalyse, aux émergences de l'inconscient. Ceci ne fait que conforter la thèse freudienne.

Chapitre 8

Développements pratiques

« Le témoin attentif, persévérant et réceptif qu'est le psychanalyste, suppose qu'il y a un sens au langage incompréhensible, délirant, ou au mutisme, toujours interprétés par lui comme cas particuliers de langage que son travail sera de décoder. Il suppose qu'il y a un sens aux gestes ou à l'immobilité, sens qui signifie ce sujet, à présent dérobé sous l'aspect psychotique. »

F. Dolto, *Le cas Dominique*.

À côté des questions théoriques, on observe aussi de nombreuses extensions de la clinique, au-delà de la névrose pour laquelle, précisément, la technique psychanalytique a été inventée. Elle se déploie ainsi vers d'autres pathologies – la psychose – d'autres populations – les enfants – et dans d'autres dispositifs, comme le groupe ou la famille.

L'extension des applications

L'extension aux enfants

Freud lui-même n'a pas analysé d'enfants. Comme nous l'avons vu, l'analyse du « petit Hans » a été réalisée par l'intermédiaire du père de l'enfant. En revanche, Anna, sa fille qu'il a d'ailleurs lui-même analysée quand elle était adulte, proposa d'ouvrir l'accès de la psychanalyse aux enfants, après quelques aménagements, à la théorie, comme à la technique (l'utilisation du jeu, par exemple en complément de la parole). De son côté Mélanie Klein, se montra plus audacieuse en appliquant la psychanalyse dès le plus jeune âge, aux bébés, en s'appuyant sur toute une conceptualisation nouvelle de la fantasmatisation. Ces deux approches contemporaines ont été en violente opposition.

Melanie Klein, l'analyse des bébés

Née à Vienne (1882-1960) de parents juifs et de père médecin, Melanie Reizes était la dernière d'une fratrie de quatre enfants. Elle fit une analyse avec Sándor Ferenczi et participa au mouvement psychanalytique à Budapest où elle séjourna. Mais la dictature communiste contraint sa famille à se réfugier en Allemagne. Elle s'installa à Berlin où elle y entreprit une seconde analyse avec Karl Abraham.

Sa pensée

Melanie Klein contesta la théorie du complexe d'Œdipe en la situant beaucoup plus tôt que Freud. Elle s'intéressa de façon étonnante au vécu psychique du nouveau-né, développa sa propre théorie pour tenter d'en rendre compte (avec notamment les notions de « bon sein » et de « mauvais sein », de projection). Elle définit des stades de développement antérieurs au complexe d'Œdipe, et développa également une pratique originale de la psychanalyse avec les bébés et les enfants. Anna Freud et elle s'affrontèrent violemment. Leur opposition s'accentua lorsque, à la suite du nazisme, au début des années quarante, les familles Freud et Klein, comme beaucoup d'autres analystes, se regroupèrent à Londres. La forte personnalité de Melanie Klein ne manqua pas d'alimenter ce climat conflictuel.

Sa portée

Melanie Klein fut à l'origine d'un des plus importants courants de la psychanalyse, créant une nouvelle approche de l'enfant, mais aussi des névroses et des psychoses. Elle offrit une théorie complémentaire de celle de Freud à laquelle elle amena des modifications nécessaires. Depuis, le kleinisme s'est beaucoup développé. Ses concepts sont couramment utilisés par les psychanalystes français.

Son œuvre

Parmi ses principaux écrits nous citerons :
La psychanalyse des enfants (1932), PUF, Paris, 1969.
Essais de psychanalyse (1948), Payot, Paris, 1967.
Envie et gratitude et autres essais (1952), Gallimard, Paris, 1968.

À la même époque un auteur britannique, le pédiatre D. W. Winnicott, a pu, dans ce contexte, faire son propre chemin et devenir une figure très porteuse de ce domaine en Grande-Bretagne mais aussi au-delà. Il offrit l'image d'une psychanalyse chaleureuse, attentive non seulement au bébé, comme Melanie Klein (qui fut d'ailleurs son analyste), mais à ce qui fait exister le bébé, c'est-à-dire son environnement maternel. Il proposa le qualificatif de *transitionnel* pour rendre compte d'une aire d'expérience entre la réalité interne, subjective, et le monde extérieur. Il y associa des productions collectives, comme la culture et les arts en particulier, ce qui ouvrit une nouvelle approche de la créativité.

Donald Woods Winnicott, l'anticonformiste

Winnicott était pédiatre et psychanalyste (1896-1971). Il vécut son enfance dans un entourage très féminin. Son père était un riche commerçant.

Sa pensée

Dans les conflits qui agitèrent la psychanalyse des enfants en Grande-Bretagne (conflit entre Melanie Klein et Anna Freud en particulier), il garda son autonomie et développa une théorie et une pratique originales, tout en montrant une proximité avec le courant kleinien. Il s'intéressa particulièrement au rôle de l'environnement maternel de l'enfant. Avec l'expression de « mère suffisamment bonne » il tenta de rendre compte des conditions fondamentales pour le développement du bébé. *« Le bébé n'existe pas »*, affirma-t-il. Il est totalement dépendant psychiquement et physiquement de cet environnement, il est inscrit dans une relation dont dépend sa survie même. Winnicott distingua un espace transitionnel, des objets transitionnels, une aire d'illusion, tous ces concepts permettant de dégager des conditions de la construction de la réalité psychique. À cet effet il mit en avant la dimension thérapeutique du jeu, d'une certaine qualité de jeu (jeu improvisé qu'il opposait aux jeux à règles, jeux de société).

Sa portée

Winnicott fut une figure populaire (comme Françoise Dolto en France), dans la presse, la radio (s'adressant aux parents). Sa technique psychanalytique ne respectait pas les canons quant à la neutralité – il se montrait chaleureux – ni quant aux durées des séances – celles-ci pouvaient aller jusqu'à trois heures – ceci, notamment sous l'influence de Sándor Ferenczi. Il put soutenir son non-conformisme au milieu de l'orthodoxie ! Il fut en relation avec Jacques Lacan en France et s'inspira de son fameux stade du miroir. Il soutint également un des partisans de l'antipsychiatrie, Ronald Laing.

Son œuvre

Parmi ses nombreuses publications, quelques ouvrages :

L'Enfant et sa famille, les premières relations (1957), Payot, Paris, 1971.

De la pédiatrie à la psychanalyse (1958), Payot, Paris, 1971.

Jeu et Réalité (1971), Gallimard, Paris, 1975.

La Consultation thérapeutique de l'enfant (1971), Gallimard, Paris, 1972.

La « Petite Piggle », traitement psychanalytique d'une petite fille (1977), Payot, Paris, 1980.

Le *squiggle* est une invention de D. W. Winnicott. C'est un jeu d'association d'idées proposé pour stimuler le processus associatif chez l'enfant et favoriser le développement d'un espace transitionnel dans la relation thérapeutique. Winnicott commençait à griffonner sur une page blanche et demandait à l'enfant de poursuivre, et l'un et l'autre pouvaient ainsi associer leurs traits sur ce qui devenait comme un dessin commun, dans un processus de figuration, de mise en forme, et de recherche de sens, expression de la relation elle-même.

En France, la psychanalyse des enfants a aussi bénéficié d'une figure remarquable : Françoise Dolto. Par la qualité de sa clinique et son don de communication, elle a ouvert le public aux subtilités de l'écoute de l'enfant. Son influence fut très importante dans le domaine de l'éducation. Elle ne créa pas de nouvelle théorisation mais transforma la perception de l'enfant dans notre société.

Françoise Dolto, l'analyse des enfants

Son parcours

Françoise Marette (1908-1988) est née d'une mère dépressive au sein d'une famille bourgeoise, marquée par l'influence de l'Action française (extrême droite catholique). Elle entreprit des études de médecine avec l'ambition de devenir « médecin d'éducation ». Elle fit une cure psychanalytique avec René Laforgue. Elle garda sa foi catholique et écrivit plus tard sur les relations entre psychanalyse et religion. En 1939 elle soutint sa thèse sur les relations entre psychanalyse et pédiatrie. Elle fut pendant quarante ans au côté de Jacques Lacan, fonda avec lui l'École freudienne de Paris en 1964. Elle forma de nombreux élèves.

Sa pensée et son influence

Françoise Dolto développa une approche originale de la psychanalyse des enfants. Elle considérait qu'il existait une sorte de culture particulière à l'enfance, culture à laquelle les psychanalystes devaient être formés pour entrer en relation avec l'enfant. Elle ne pouvait se contenter des dessins et des jeux habituellement proposés, à la suite d'Anna Freud, dans les séances psychanalytiques destinées aux petits. Elle avait une faculté d'écoute, pas seulement verbale, un génie de l'interprétation qui, associé à une simplicité de contact, impressionna une génération de cliniciens, pas seulement psychanalystes. Elle leur apprit la force de la parole dans la relation avec l'enfant et ce, dès la grossesse, encourageant les futures mères à entrer activement en relation avec le fœtus, à lui parler. Elle communiqua sa conviction de l'humanité du bébé, de son potentiel de compréhension, de relation, de sa sensibilité. Elle eut une grande influence aussi dans le milieu de l'éducation où elle œuvra notamment pour le développement de l'éducation sexuelle. Elle fit aussi avancer la réflexion sur la sexualité féminine.

Françoise Dolto fut la plus populaire des psychanalystes français, et devint l'interlocutrice privilégiée de la presse écrite, de la radio et de la télévision, jouissant d'un véritable succès médiatique.

Son œuvre

Parmi ses œuvres citons : *Le cas Dominique,* Seuil, Paris, 1971 ; *Au jeu du désir,* Seuil, Paris, 1981 ; *Séminaire de psychanalyse de l'enfant,* deux tomes parus successivement au Seuil en 1982 et 1985 ; *Sexualité féminine, la libido génitale et son destin,* Gallimard, Paris, 1982 ; etc. Aux publications cliniques il faut ajouter celles portant sur psychanalyse et religion.

Ainsi, rien que dans le cadre de la psychanalyse des enfants, le mouvement psychanalytique a bénéficié de personnalités très contrastées offrant chacune sur les plans théoriques et pratiques des apports très différents et complémentaires.

De la névrose à la psychose

Une extension vint du côté de la psychiatrie. Eugen Bleuler, médecin chef de la clinique du Burghölzli à Zürich, proposa d'appliquer la psychanalyse, non seulement aux hystériques, mais aussi aux psychotiques, notamment aux schizophrènes (il est l'auteur du terme schizophrénie). La folie serait donc rendue accessible par ce nouveau traitement. Jung qui a été successivement son élève et son assistant sera un de ces praticiens de la psychose, à l'origine de son propre développement théorique.

Eugen Bleuler, l'analyse en psychiatrie

Son parcours

C'est le parfait contemporain de Freud puisqu'il est né un an après lui et mort la même année. Bleuler est un psychiatre suisse (1857-1939), venu d'une famille de paysans. Il a eu une forte influence sur la psychiatrie, préconisant une attention portée à la personne. De plus, à partir des termes de « schizophrénie » et d'« autisme », il modifie profondément la conception des affections psychiatriques graves.

Sa pensée

Dans un contexte où la psychiatrie est centrée sur l'inventaire des symptômes et la classification des maladies, conception dominée par le psychiatre allemand Emil Kraepelin, Bleuler, lui, revient au malade, à sa souffrance. Il tente d'instaurer une relation et de comprendre son délire. Il débaptise en 1911 la « démence précoce » considérant qu'il s'agit d'une autre pathologie qu'il propose d'appeler la « schizophrénie ». Ce n'est donc pas cette maladie dégénérative associée à la notion de démence, mais une atteinte psychique marquée par un processus dissociatif (*skhizein* en grec signifie fendre).

Sa portée

Sensible à la pensée freudienne, Bleuler l'intègre au savoir psychiatrique et en préconise la pratique. Il est directeur du Burghölzli, cette institution zurichoise que nous avons plusieurs fois évoquée et qui a joué un rôle déterminant pour le développement de la psychanalyse. Avec Bleuler, Jung a aussi travaillé à l'élargissement de l'approche psychanalytique aux psychoses. Mais, Jung se détournera par la suite de Freud pour préconiser sa propre méthode et théorie analytique. Bleuler lui-même, par la suite, ne partagera pas l'importance donnée à la sexualité dans la théorie freudienne et reviendra à une position plus organiciste.

Dans l'entourage de Freud, Jung et Ferenczi, psychiatres, sont des cliniciens de la psychose. Aussi l'un et l'autre auront à se confronter à la difficulté d'appliquer la théorie et la technique freudiennes à cette autre pathologie, c'est pourquoi ils durent prendre des initiatives pour s'adapter à cette autre clientèle.

Jung considérait que le psychotique était resté sous l'emprise de l'inconscient collectif dont il n'avait pu émerger en tant qu'individu, développer un inconscient individuel (au sens freudien). La thérapie consistait donc à favoriser la mise en place du processus d'individuation, par l'analyse de l'inconscient collectif. Sándor Ferenczi chercha, quant à lui, à adapter la séance de psychanalyse à ses patients, assurant une présence plus active et chaleureuse, intervenant aussi sous la forme d'injonctions, proposant de fixer un terme à la thérapie afin d'en activer le processus, etc.

Sándor Ferenczi, l'analyse active

Né en Hongrie (1873-1933) d'une famille de juifs polonais, Sándor Ferenczi fut un psychiatre psychanalyste réputé pour ses qualités de clinicien. Il fut à l'origine de l'école hongroise de psychanalyse. Il expérimenta des variations techniques (comme la technique active), soucieux de s'adapter aux besoins des patients, essentiellement psychotiques (à la différence des névrosés de Freud), dans une optique de médecine sociale. C'est ainsi qu'en 1906 il fut un des premiers psychanalystes à se porter à la défense des homosexuels. Ce fut un clinicien enthousiaste et curieux de tout. Il occupa à l'université de Budapest la première chaire de psychanalyse. Ferenczi revint sur la théorie de la séduction, dénonçant l'hypocrisie du milieu psychanalytique. Il fut aussi, à la suite de Rank – le traumatisme de la naissance –, sensible à l'importance de la première relation à la mère.

Ferenczi garda tout au long de sa carrière le désir d'apporter aide et guérison.

Ses publications sont réunies dans les *Œuvres complètes,* aux éditions Payot, Paris, 4 tomes - (1968-1982).

On signalera particulièrement son *Journal clinique* (1932), Payot, Paris, 1994.

Malgré les travaux de ces pionniers, la psychose a longtemps été considérée comme inaccessible à la psychanalyse proprement dite, notamment en raison des difficultés relationnelles du patient. Nous verrons que les psychothérapies psychanalytiques sont, par leur plus grande souplesse, plus adaptées à ces pathologies.

Parmi les auteurs actuels, on citera par exemple, Salomon Resnik pour les psychotiques adultes, mais aussi Francès Tustin et Geneviève Haag pour l'autisme infantile. La structure psychotique y est considérée comme une atteinte du tout premier développement psychique de l'enfant. C'est au travers de nouvelles relations, à visée thérapeutique, en situation individuelle ou, souvent dans ce cas, groupale, que les psychanalystes tentent d'offrir un lieu de restructuration.

Le corps et la psychosomatique

L'intrication des symptômes somatiques, organiques et psychiques dans tous les cas traités par Freud et les premiers psychanalystes, devait conduire à des recherches dans ce domaine. Après Walter Georg Groddeck, ou Wilhelm Reich (pour ce qui concerne la sexualité), des psychanalystes se sont spécialisés dans ce domaine. En France on compte plusieurs écoles de pensée, issues des travaux de Pierre Marty, Sami Ali et Christophe Dejours, pour n'en citer que quelques-uns.

L'entorse

Geneviève en est à sa deuxième entorse en quelques semaines. La première fois, juste avant de prendre le train pour rejoindre son travail en province, elle n'a pas voulu écouter sa douleur. Elle est donc partie. Mais ses collègues l'ont raccompagnée peu de temps après, non sans s'assurer d'un rendez-vous médical à l'arrivée. Sa cheville très enflée était vraiment en piteux état ! Et voilà que maintenant c'est à l'autre pied, en plein travail cette fois.

Geneviève avait accepté ce poste, bien que très éloigné de son domicile (plusieurs heures de train). Elle était persuadée qu'elle pouvait assurer cet effort. C'était sans compter avec l'accueil très mitigé fait à ces Parisiens qui font ces allers-retours, et avec le climat général d'agressivité qui régnait dans cette institution. Au bout de plusieurs années, Geneviève se sentait épuisée. Elle avait dépensé beaucoup d'argent pour se maintenir à son poste, et se demandait combien de temps elle pourrait encore tenir... Ces deux entorses elle les a reçues comme un véritablement avertissement : il fallait qu'elle cherche un autre poste. Ses pieds ont exprimé à leur façon ce que Geneviève ne voulait pas affronter : reconnaître ses limites.

Est-ce que le corps est atteint parce que le psychisme n'a pu élaborer ce qui touche l'individu, comme on peut le constater chez le nourrisson qui, lui, n'a pas encore les moyens de mentaliser ses ressentis ou ses émotions ? Est-ce donc par défaut de mentalisation ou bien par pauvreté de la vie affective, ou, au contraire par une forme de répression de celle-ci que le corps sert, en quelque sorte d'exutoire aux tensions psychiques ? Le débat reste ouvert à ce niveau. Ce qui est clair c'est qu'il n'y a pas de rapport simple et ce même si, dans la vie courante, on a l'expérience qu'une crise de foi, une indigestion, un mal de tête, une aphonie, etc., peuvent être liés à une contrariété, à une émotion.

Wilhelm Reich, l'analyse caractérielle

Son parcours

Psychiatre et psychanalyste (1897-1957), d'obédience marxiste, Wilhelm Reich développa une théorie plus proche de la sexologie que de la psychanalyse. Né en Galicie, dans une famille juive, il fut toutefois élevé en dehors de la religion. Il rencontra Freud en 1919 et pratiqua la psychanalyse et la sexologie. Il se rapprocha du mouvement marxiste partageant l'idée d'une origine sociale de la maladie mentale et créa un « freudo-marxisme ».

Sa pensée

À l'opposé de Jung, Reich soutenait l'importance d'une sexualité biologique, faisant de l'orgasme la clé du bonheur. Il créa à cet effet des cliniques d'hygiène sexuelle, dans l'optique d'une politique sexuelle prolétarienne. Finalement exclu du parti communiste allemand, il s'exila au Danemark. Avec l'analyse caractérielle, il prôna une technique active centrée sur le corps. Il manifesta une ferme opposition au nazisme. Mais il fut lui-même exclu de l'Association psychanalytique internationale. En 1936 il créa à Oslo l'Institut de recherches biologiques d'économie sexuelle.

Son influence

Il développa une nouvelle méthode : la végétothérapie, devenue plus tard l'orgonothérapie, liant interventions verbales et corporelles. Mais le sentiment de persécution qui l'habitait depuis des années le poussa à émigrer aux États-Unis où il développa ses recherches sur l'énergie orgonique jusqu'à en parler avec Albert Einstein qui ne put le soutenir. Reich sombra finalement dans la folie, et fut accusé d'escroquerie pour avoir vendu des accumulateurs d'orgone, il mourut en prison en 1957. Ses travaux furent à l'origine de la bioénergie et de la gestalt-thérapie.

Son œuvre

Parmi ses écrits : *La révolution sexuelle* (1930), Plon, Paris, 1968 ; *L'analyse caractérielle* (1933), Payot, Paris, 1971 ; *La psychologie de masse du fascisme* (1930-1933), Payot, Paris, 1972 ; *La fonction de l'orgasme* (1942), L'Arche, Paris, 1952 ; *Écoute petit homme* (1948), Payot, Paris, 1973.

Chacun d'entre nous est « pétri de mots » et certains ont été attachés à des situations affectives particulières, ont été prononcés dans des contextes, par des personnes, qui ont marqué notre histoire, souvent à notre insu. C'est pourquoi le psychanalyste s'intéresse à ces « riens ».

Rien qu'un mot

Mme L. a été opérée du cancer du sein. On a été obligé de procéder à l'ablation de son sein gauche. Au rendez-vous suivant le chirurgien lui propose une intervention de reconstruction. Celle-ci se fera à partir d'un « lambeau » de peau pris sur le ventre. Le chirurgien donne quelques explications techniques et Mme L. le quitte avec le rendez-vous pris pour l'intervention, mais en colère contre cette façon de traiter son cas. De cette rencontre, Mme L. n'a retenu qu'un seul mot « lambeau », qui évoque en elle certaines associations comme « partir en lambeaux »... Ce mot continue à l'habiter bien au-delà de l'intervention elle-même. Mme L. avait précédemment montré, dans son travail, une certaine susceptibilité, voire une sensibilité persécutive. C'est maintenant donc autour de ce mot que se condense pour elle son vécu, c'est ce mot qui mobilise une partie de son énergie mentale.

Quelles sont toutes les résonances de ce mot pour elle ? Il faudrait pour le savoir l'amener à associer, c'est-à-dire à laisser venir tout ce qui, de près ou de loin, est lié à cette façon particulière qu'elle a eue d'entendre ce mot (paroles, phrases, émotions, souvenirs de son histoire personnelle).

« Rien qu'un mot », cela peut nous faire penser à cette pièce de théâtre de Nathalie Sarraute : *Pour un oui, pour un non*. Dans ce cas ce n'était pas seulement le mot, mais encore la façon dont il avait été prononcé, l'intonation, par exemple. Cette pièce montre bien que ce qui peut passer parfois pour « un rien du tout », ou un « presque rien » auquel on ne porte pas attention peut, tout à coup, prendre au contraire une importance relationnelle tout à fait inattendue. Ce fut l'expérience du chirurgien quand il apprit la réaction de sa patiente... qu'allait-elle donc chercher là ? « Lambeau » est, dans ce cas, un terme tout à fait technique !

L'analyse de groupe

La question d'une extension de la pratique psychanalytique au groupe a été posée très tôt par les premiers praticiens, notamment aux États-Unis, où les psychothérapies de groupe sont courantes. Mais Freud n'a pas pu considérer cette initiative autrement que comme la somme de plusieurs analyses simultanées, et cela était inconcevable. Il fallut attendre un psychanalyste très porté sur les questions sociales comme Siegmund Heinrich Foulkes, en Grande-Bretagne, pour reprendre cette question. Les deux guerres mondiales et le nazisme ne pouvaient laisser indifférents, et posaient pour certains, comme Foulkes, la question de la compréhension des phénomènes de groupe, voire l'intervention en groupe. C'est donc ce que choisit Foulkes, l'inventeur de la *group analysis* en Grande-Bretagne. Il développa une théorie mettant en avant l'origine groupale de l'individu et l'incidence de l'environnement familial sur la pathologie individuelle. Pour Foulkes, il était clair que la situation de groupe crée un fonctionnement psychique différent de la situation en relation duelle, et que c'est justement l'intérêt d'offrir là une nouvelle psychothérapie, en analysant ces processus et la façon dont chaque individu y participe. Il n'existe pas seulement un fonctionnement social – fait des interrelations entre les individus et décrit par les sociologues et les psychologues sociaux –, mais un fonctionnement psychique inconscient particulier au petit groupe auquel le psychanalyste va porter toute son attention. L'école foulksienne forme depuis de nombreux analystes de groupe.

Un groupe en colère

Un groupe d'étudiants fait le siège du bureau du professeur. Ils viennent de prendre connaissance des résultats des examens de fin d'année, et ont constaté que plusieurs d'entre eux (six ou sept sur une trentaine) n'ont pas été reçus et devront repasser à la session de septembre. Ces derniers sont très mécontents. Ils sont soutenus par leurs camarades. C'est inadmissible ! Tous se disent scandalisés de n'avoir pas tous été reçus en même temps ! Les explications de bon sens qui leur sont données (comme dans tout examen, il y a des reçus, des collés, et l'on peut toujours se rattraper, etc.) n'y font rien. Pas plus d'ailleurs que les explications précises, à partir des copies. La colère est très forte et retiendra l'enseignant tout l'après-midi. Mais elle sera encore aussi forte deux mois après, pour la session de rattrapage. Décidément ces étudiants ne veulent rien entendre et ne peuvent s'apaiser. L'enseignant s'interroge sur ce qui peut ainsi animer ce groupe. Car il est au moins clair qu'ils « font groupe » ! D'ailleurs, au cours de l'année, c'était ce que l'on appelle « un bon groupe », très motivé, et solidaire. Ces étudiants sont intelligents, qu'est-ce qui fait qu'ils ne peuvent admettre, comprendre la situation ?

L'analyse amène à considérer que ce « bon groupe » a vécu dans un fantasme unitaire : ils ne faisaient qu'un... Ils étaient si bien ensemble, ils se sentaient les meilleurs (une bonne promotion comme on dit), ils se montraient très satisfaits des enseignants. C'est ce que Dider Anzieu a proposé d'appeler « l'illusion groupale », un phénomène habituel dans les groupes, très agréable à vivre : impression que tous se comprennent, pensent la même chose, éprouvent du plaisir à ce parfait accord. Le groupe est idéalisé, et vit une expérience très fusionnelle. L'examen – chacun devant sa copie – les a ramenés à une situation individuelle : ils n'étaient pas préparés à cet atterrissage dans la réalité !

On n'avait pas suffisamment pris en compte la subjectivité de ce groupe, dont le comportement flattait aussi l'encadrement. Les membres du groupe s'étaient donc vus brutalement mis en face de cette réalité à l'affichage des notes : ils n'avaient pas tous les mêmes résultats ! Cette réalité faisait violence à ce qu'ils continuaient de vivre, cette illusion, ce fantasme unitaire. L'enseignant lui-même n'avait pas mesuré l'importance prise par cette réalité subjective du groupe, et n'avait donc pu les préparer à la sortie nécessaire, ce que, dans le jargon, on appelle le *dégroupement*.

D'autres auteurs ont apporté chacun des pierres à l'édifice de la théorie psychanalytique des groupes construite au cours des trente dernières années. On distingue ainsi deux autres écoles de pensée : l'école argentine (autour d'Enrique Pichon-Rivière) et l'école française (Didier Anzieu et René Kaës, ainsi que plusieurs autres théoriciens). C'est, en effet, René Kaës qui a synthétisé les apports successifs des praticiens et théoriciens sur la dimension groupale de l'inconscient, et proposé une articulation entre les conceptions de l'analyse individuelle et de l'analyse groupale.

La structure psychique individuelle telle que théorisée dans l'œuvre de Freud est le fruit d'une construction chez le jeune enfant, à partir de sa famille, de son milieu. La dimension groupale est donc bien à l'origine de cette structure, et l'inconscient individuel se dégage progressivement du fonctionnement psychique groupal familial. Cette considération fonde maintenant l'intérêt de l'analyse de groupe.

Didier Anzieu, l'analyse de groupe

Son parcours

Né à Melun (1923-1999), de parents postiers, il fait ses études à l'École normale supérieure, s'intéresse à la philosophie (il est agrégé en 1948), mais se tourne finalement vers la psychologie et la psychanalyse. Psychologue au Centre Claude-Bernard, il s'initie au psychodrame. Il soutient sa thèse de psychologie sur l'auto-analyse de Freud. Il restera marqué par l'influence de Daniel Lagache, son combat pour l'unité de la psychologie. Didier Anzieu fait son analyse avec Jacques Lacan qui le décevra. Il participera à la création de l'Association psychanalytique de France. Il fut Professeur à l'université Louis-Pasteur à Strasbourg, puis à l'université Paris X-Nanterre.

Sa pensée

Didier Anzieu, dans sa pratique, comme dans ses apports théoriques, explora les marges du corps à la *psyché*, de l'individu au groupe, des processus archaïques, le traitement des états limites, etc. On lui doit des notions comme le « moi-peau », les « enveloppes psychiques », les « signifiants formels ». Il fut à l'origine de l'école française de l'analyse de groupe, son concept d'« illusion groupale » permit d'objectiver un processus groupal inconscient. Il créa le CEFFRAP pour soutenir la recherche en psychologie clinique. Tous les premiers travaux sur l'analyse de groupe y furent développés, associés à deux collections d'ouvrages chez Dunod.

Son œuvre

Parmi ses nombreux écrits, quelques ouvrages : *Le psychodrame analytique chez l'enfant*, PUF, Paris, 1956 ; *L'auto-analyse*, PUF, Paris, 1959 ; *Les méthodes projectives*, PUF, Paris, 1961 ; *Le groupe et l'inconscient*, Dunod, Paris, 1975 ; *Le corps* de *l'œuvre, essais psychanalytiques sur le travail créateur*, Gallimard, Paris, 1981 ; *Le moi-peau*, Dunod, Paris, 1985 ; etc.

Psychanalyse et psychologie clinique

De façon tout à fait préférentielle, la psychologie clinique s'est développée en France à partir de l'orientation psychanalytique de ses fondateurs Daniel Lagache et Juliette Favez-Boutonier. C'est-à-dire que le modèle clinique, distingué du modèle expérimental, était inspiré non seulement du modèle médical, mais encore de l'approche psychanalytique, celle d'un individu singulier considéré par rapport à sa situation particulière et par rapport à son histoire personnelle. Ce modèle était donc opposé aux statistiques et à la reproductibilité, deux points de passage nécessaires à la démonstration expérimentale.

Daniel Lagache, la diffusion de la psychanalyse

Né d'une famille bourgeoise (1903-1972), il entra à l'École normale supérieure, fut agrégé de philosophie, puis médecin psychiatre ; il soutint sa thèse de médecine sur les hallucinations verbales. Psychiatre et psychanalyste, Daniel Lagache fut l'héritier de Pierre Janet dans le domaine de la psychologie clinique. Toutefois, à l'opposé de son maître, non seulement il ne combattit pas la psychanalyse, mais il contribua à son introduction à l'université et, ainsi, à une large diffusion de l'œuvre freudienne (il enseigna à Strasbourg et à Paris). Il œuvra aussi sur le plan éditorial pour la diffusion des publications psychanalytiques, à commencer par l'œuvre de Freud. Il s'appliqua à dégager la psychologie de la philosophie

(création d'un cursus autonome à l'université) et à rapprocher psychologie clinique et psychanalyse. Il fut cofondateur de la Société française de psychanalyse (SFP) puis de l'Association française de psychanalyse (AFP).
Ses œuvres complètes en cinq volumes sont publiées aux PUF (1977-1982).
On citera, en particulier, *L'Unité de la psychologie*, Paris, coll. « Que Sais-je ? » PUF, 1949 et *La Psychanalyse*, coll. « Que Sais-je ? », PUF, 1955.

La théorie psychanalytique se trouva donc aussi intimement liée à l'enseignement et à la pratique de la psychologie clinique. Cette dernière a connu un très fort développement au cours des trente dernières années. Dans d'autres pays, la psychologie clinique n'est pas nécessairement liée à une théorie principale.

Les différents développements que nous avons présentés ici n'évitent pas certaines contradictions qui donnent à la théorie psychanalytique l'aspect d'une construction composite. Il est à souligner qu'aucune « légifération » ne s'est imposée pour rendre cet édifice plus rationnel. On peut s'en féliciter dans un domaine où la tolérance est de mise, et où il est particulièrement important de ne pas tout maîtriser, de ne pas tout ramener à un modèle unitaire. Chaque psychanalyste peut (et doit) se confronter à ces divergences, à ces ajouts, à ces contradictions, et évaluer, à partir de sa clinique, les concepts qui lui semblent les plus adaptés. De cette façon il se trouve aussi libre d'apporter sa propre contribution.

La théorie psychanalytique est toujours en travail et, au vu de la diversité des apports conceptuels, on pourrait plutôt parler des théories psychanalytiques. Dans la pratique, ces théories sont le plus souvent utilisées de façon complémentaire, comme des outils pour penser la clinique.

La cure : une pratique bien singulière

« Je vous écoute… »

Au téléphone il avait une voix agréable, non pas « à distance » comme certains autres analystes que j'avais eu l'occasion de rencontrer. Il y avait une présence dans sa voix… J'ai pris rendez-vous. Je sonne, il ouvre, je suis devant un homme à la silhouette un peu trapue, au visage avenant. Il me salue, se montre très attentif. Il m'invite à entrer dans le couloir, et m'indique à droite le bureau. En face d'un large bureau style Louis XV, contre le mur, se trouve le divan. Son fauteuil est contre le divan, tout à l'entrée de la pièce. Lorsque je m'allongerai il sera donc très près de moi, bien qu'en dehors de ma vue. Mais cette fois il me reçoit pour un premier entretien. Je m'installe donc dans le fauteuil qui lui fait face. Il m'invite à dire ce qui m'amène à cette démarche. Au cours de l'entretien je veux m'assurer de la méthode. Il me dit qu'il s'agit de laisser venir les pensées, les souvenirs, les rêves sans vouloir contrôler ce qui vient, même si cela peut paraître saugrenu, bizarre, illogique, voire pas convenable !

Il pose très peu de questions et s'arrête parfois sur des détails qui me surprennent, alors que je m'étais préparée à lui faire un résumé en bonne et due forme de mon histoire… Je me sens un peu déstabilisée.

Les divans des psychanalystes sont très divers, et pas seulement en ce qui concerne le siège. Leur façon de recevoir, et ce dès le téléphone, est aussi très variée, toujours discrète, peu loquace, mais si différente quant à la qualité relationnelle elle-même… aussi différente que les personnes derrière les analystes.

Le premier ou les premiers entretiens n'ont pas pour objectif de faire le bilan d'une vie, ou de suggérer des orientations, mais, pour le psychanalyste, d'évaluer la faisabilité de l'analyse : capacité de verbalisation, d'introspection, de compréhension ; degré de rigidité, motivation ; sans oublier la stabilité matérielle nécessaire à un engagement de plusieurs années. Il existe également des contre-indications, comme la recherche d'un conseil pour une décision à prendre rapidement (couple, travail, etc.), suite à un conflit aigu ou à une situation urgente, ou encore la disparition d'un symptôme très invalidant. La psychanalyse n'est clairement pas faite pour cela.

La demande

Pour Lacan le mouvement transférentiel témoigne de ce que l'organisation subjective est commandée par un objet qu'il a appelé l'objet « petit a », qui, tel le sein, laisse un manque qui ne peut être comblé. Lacan a plus généralement insisté sur la démarche elle-même de la demande faite à l'analyste. Le client pense que l'analyste possède un savoir sur ce qu'il cherche en lui-même. La position de l'analyste étant d'emblée celle de « celui qui est pourvu d'un savoir sur moi qui m'échappe ». Cette position particulière de celui qui sait est ce que Lacan appelle le « grand Autre ». Toute parole étant elle-même une demande, une adresse à ce grand Autre, au-delà de la personne concrète à laquelle elle est destinée.

Dans ce cadre on comprend qu'il n'y a pas de réponse qui soit à la hauteur de l'attente, qui soit totalement adéquate à la demande du sujet, quelle que soit sa problématique. La résolution du transfert est une forme d'acceptation de ce décalage, de renoncement à attendre de l'analyste la réponse comblante, acceptation donc de la permanence du *manque*, celui-ci étant constitutif de la parole, caractéristique de l'humain.

La séance

Le premier rendez-vous... Ce qui frappe dans cette première rencontre c'est que le psychanalyste ne pose pratiquement pas de questions, qu'il n'oriente pas précisément le discours. Ce qui n'est pas vraiment confortable car on aimerait bien adapter notre parole à l'interlocuteur. Bien sûr, il s'intéresse à ce qui a motivé la prise de rendez-vous, ce qui est attendu, recherché, mais il n'offre aucun guidage dans ces premiers pas.

C'est donc une rencontre inhabituelle, peut-être même un peu étrange. Nous avons l'habitude de communiquer de façon rationnelle, maîtrisée. L'analyse ouvre la boîte de Pandore de l'autre versant du fonctionnement psychique, celui qui, méconnu, peut toutefois se manifester de façon impromptue (un acte manqué dit-on), voire provoquer des inhibitions, des blocages et autres incidents de parcours. Et ce genre de situation « floue » se montre vite propice à ces ratés de la maîtrise. Il est d'ailleurs relativement fréquent d'oublier un objet dès les premiers contacts (quand ce n'est pas une erreur de rendez-vous, plus problématique) gage que nous aurons à revenir… Cette quête de l'objet manquant est d'ailleurs au cœur même de toute démarche psychanalytique, mais cette fois de façon symbolique.

On est là très loin des consultations habituelles, en psychiatrie et même en psychologie, beaucoup plus formalisées. Aussi arrive-t-il que l'on vienne avec son papier, pour ne rien oublier de tout ce que l'on a à dire, et que l'analyste invite à laisser le papier de côté pour laisser venir… petit rappel à la règle fondamentale de libre association !

L'analyste et sa formation

« *Connais-toi toi-même.* » Tout psychanalyste a, préalablement à toute démarche professionnelle dans ce cadre, fait une psychanalyse pour lui-même qui a duré plusieurs années à raison de plusieurs séances par semaine (avec peut-être quelques exceptions dans des mouvements lacaniens, comme aussi l'école foulksienne des analystes de groupe). Une fois cette première expérience de l'analyse réalisée sur le divan, le futur psychanalyste aura appris à poursuivre son analyse par lui-même, car celle-ci n'est jamais terminée, au sens où l'exploration de l'inconscient est, par définition, sans fin, notre psychisme gardant structurellement une partie de son fonctionnement inconscient.

Une fois analyste professionnel, c'est aussi au travers de l'analyse de son contre-transfert avec ses clients qu'il poursuit ce travail personnel. Ce qui l'amène parfois à entreprendre « une nouvelle tranche d'analyse », comme on dit, c'est-à-dire à se remettre matériellement en situation à l'aide d'un collègue afin de tenter de dégager quelque problématique ravivée par une situation actuelle avec ses clients ou par une épreuve familiale, par exemple, source de résonances multiples dans son histoire.

L'analyste a « payé cher », et pas seulement de sa personne, mais matériellement, son statut d'analyste si on considère les nombreuses années et le coût des séances d'analyse, ainsi que des séminaires de formation et des supervisions, par lesquels il aura dû passer avant d'être reconnu par ses pairs comme professionnel.

Le psychanalyste intéressé à l'analyse de groupe, de la famille et des institutions, devra ajouter à l'analyse sur le divan (situation individuelle), une expérience d'analyse de groupe qui durera aussi quelques années.

La rencontre avec le psychanalyste est donc le fruit de ces formations, c'est-à-dire la rencontre d'une personne qui s'est investie très sérieusement dans un travail sur elle-même et dans l'intérêt porté à autrui. Il serait, en effet, bien plus rapide et de meilleur rapport financier que d'apprendre une technique de suggestion par exemple, ou toute autre approche qui n'exige pas un tel travail sur soi ni une telle investigation de la subjectivité humaine. On peut bien parler ici de choix existentiel. Les psychanalystes partagent une représentation de la dimension humaine, de la relation au fondement de toute existence humaine.

▪ Psychanalyse et institutions

Il y a la pratique des psychanalystes, il y a les théories psychanalytiques, et il y a les institutions psychanalytiques. L'institutionnalisation et la médiatisation de la psychanalyse l'ont autant positivement renforcée qu'elles l'ont entraînée dans des voies administratives et sociales pour lesquelles elle n'était pas faite. On pourrait même affirmer qu'elles sont contraires à sa dynamique propre. C'est ce qui est à l'origine des débats régulièrement relancés sur le sujet. Il reste que la formation des psychanalystes nécessite un minimum de formalisation et que l'institution y pourvoit. Et comme on l'a vu précédemment la question des modalités de la formation a été à l'origine de débats internes, de scissions et de créations de sociétés psychanalytiques.

Objectifs : thérapie, formation, connaissance de soi

« Si l'analyse des pulsions de destruction et du processus de clivage parvient à mobiliser la compulsion à la réparation on peut s'attendre à des progrès et on peut même s'acheminer vers la guérison. »

Melanie Klein, Note sur la dépression chez le schizophrène, in *Psychanalyse à l'université*.

Que vient-on faire en psychanalyse ? Les considérations précédentes soulignent au travers du long travail sur soi engagé, la quête de la connaissance de soi, la quête de sens propre à tout être humain. Mais, pour beaucoup, cette quête se fait à propos d'une souffrance, de difficultés, de traumatismes rencontrés et souvent d'un sentiment d'échec à traiter seul ces difficultés. La rencontre d'une personne extérieure, spécialement formée, est considérée comme une ouverture, voire une issue à cette souffrance.

Comme on a pu déjà le souligner, ce travail sur soi a toujours aussi un effet d'apprentissage, de formation, qui se reconnaît bien à l'écoute de quelqu'un qui a eu une expérience psychanalytique, qu'elle ait été réalisée dans un cadre professionnel ou dans le cadre d'un traitement.

La place du symptôme

Il faut ici parler du symptôme car il est souvent présent, voire pesant, paralysant même, et au centre de la demande de traitement. L'angoisse, l'inhibition (psychomotrice, sexuelle, intellectuelle...), la phobie plus ou moins invalidante, la somatisation à répétition, le conflit conjugal, ou encore un vécu persécutif, etc., c'est ce qui pousse le plus souvent à la nécessité d'engager un travail personnel. Il est évident qu'il y a le souhait d'une disparition du symptôme.

À ce stade, le psychanalyste – quelle que soit son orientation – est formel : il ne s'agit pas de traiter le symptôme car la psychanalyse considère qu'il n'est qu'une manifestation d'une problématique psychique plus complexe, parfois associée à des pathologies biologiques plus ou moins bien connues. Ce qu'offre la psychanalyse c'est une recherche de compréhension et non une explication de l'origine d'une pathologie. Ce qui est en cause, c'est le sens pris dans l'histoire de la personne par ce qui l'atteint dans son développement, dans sa vie familiale, conjugale, professionnelle, etc.

On ne peut donc encourager quelqu'un qui a besoin d'un résultat rapide à engager une psychanalyse. De même, il peut arriver que des personnes préfèrent demander une psychanalyse plutôt que d'accepter de se faire soigner physiquement, alors même que leur état le nécessite. Elles attendent un miracle des séances ! Il faut alors pouvoir leur faire accepter cette dimension corporelle, la nécessité du soin du corps. Les deux approches sont d'ailleurs souvent complémentaires.

L'aphonie de la présidente

C'est toujours dans des situations qui comptent pour nous, notamment sur le plan émotionnel, que la voix échappe, nous trahit. La présidente de ce grand congrès doit faire le discours introductif, au moment de prendre la parole elle a « un chat dans la gorge ». Elle prend une gorgée d'eau, mais il lui en faudra encore plusieurs pour arriver au bout de son discours. On mesure là l'importance subjective de ce dernier. Étant elle-même psychanalyste elle a pu accepter cette situation et ne pas en être trop troublée par rapport à son public.

La séance type

Nous avons déjà évoqué précédemment des paramètres de la séance de psychanalyse, la disposition fauteuil-divan, la discrétion du psychanalyste, la règle d'association d'idées (c'est la règle fondamentale). Il faudrait préciser encore la fréquence et la durée des séances. Dans les sociétés appartenant à l'IPA (Association internationale de psychanalyse), la périodicité est de trois séances par semaine, et la durée fixée à trois quarts d'heure. Le psychanalyste intervient peu, ce sont des encouragements à parler, à associer. Il lui arrive de donner une interprétation le plus souvent en relation avec ce qu'il perçoit de la relation analytique. Il faut encore ajouter la règle de discrétion, et la règle d'abstinence. Cette dernière règle correspond au fait que l'analyste ne répond pas à la demande d'amour de l'analysant (e), considérant que les besoins et désirs restés insatisfaits sont aussi les moteurs du travail psychique. Ceci fait partie de l'attitude de neutralité de l'analyste. Il limite aussi la relation à la séance elle-même, et à une attitude « à bonne distance » entre la froideur et l'affection chaleureuse. Ainsi ne révèle-t-il rien de sa vie personnelle, de ses opinions. Il utilise son auto-analyse pour prendre conscience de ce qui peut interférer, à ce niveau, dans la séance d'analyse. Cette dernière n'est pas un lieu de satisfaction de besoins, de désirs. De ce fait elle entretient un certain niveau de frustration, au service de la prise de conscience, de l'élaboration psychique plutôt que de l'agir.

Ce sont là quelques principes très généraux, mais il arrive d'observer parmi les psychanalystes des variations parfois importantes dans les applications.

La séance kleinienne

Elle est caractérisée notamment par des interventions plus nombreuses du psychanalyste, ce dernier s'attache précisément à ce qui est dit, et interprète plus que dans le contexte précédent. De plus les séances sont généralement plus fréquentes, de l'ordre de cinq par semaine.

La séance lacanienne

> *« … à toucher si peu que ce soit la relation de l'homme au signifiant (…) on change le cours de son histoire en modifiant les amarres de son être. »*
>
> J. Lacan, *Écrits I*.

Les paramètres de la séance ont constitué un des axes de discorde entre les lacaniens et une certaine orthodoxie freudienne. La durée des séances n'est pas fixe, elle est un élément de l'interprétation (elle peut donc être très courte). Dans ce cadre, l'interruption de séance doit faire sens, elle s'accorde au fonctionnement de l'inconscient qui, lui, est en dehors du temps social. Bien sûr, cette position, qui peut être intéressante sur le plan intellectuel, pose souvent problème dans la pratique. Le psychanalyste lacanien est particulièrement sensible aux effets de langue, ce qui peut conduire à des abstractions (on lui reproche de ne pas tenir compte de l'affect, par exemple). Bien sûr il y a aussi une grande variété dans les pratiques lacaniennes, en fonction des psychanalystes.

La séance jungienne

> *« ... la possession du Moi par un archétype transforme un être et l'oblige à n'être qu'une figure collective, une sorte de masque, derrière lequel l'humain ne peut plus se développer mais s'atrophie. »*
>
> C. G. Jung, *Dialectique du Moi et de l'inconscient*.

Pour nombre de psychanalystes, le mouvement jungien ne fait pas partie de la psychanalyse à proprement parler. Nous voulons quand même répondre ici aux questions pratiques que l'on peut se poser. Dans ce cadre ce qui nous semble très différent, c'est le mode d'intervention de l'analyste, centré sur la conception des archétypes (ces figures mythiques fondamentales qu'il faudra rencontrer au cours des séances pour analyser le rapport que nous entretenons avec elles). La dimension symbolique est ici particulièrement présente. Dans ce cadre l'analyste est une sorte de guide vers l'exploration de ces figures de l'inconscient, individuelles et collectives. Les séances se passent le plus souvent en face-à-face.

Cette présentation est loin d'être exhaustive, mais elle a pour objectif de donner une idée d'approches et de sensibilités différentes par rapport au travail sur l'inconscient. Ce qui est fondamental, c'est qu'il s'agit d'un travail sur (et avec) la subjectivité, du client (l'analysant) comme du psychanalyste (et ce point est tout à fait remarquable par rapport aux autres thérapies). Qui dit subjectivité dit nécessairement diversité. Aussi on peut entendre que, particulièrement dans ce cadre, lorsque l'on soutient une orthodoxie, cela témoigne plus d'un processus défensif (peut-être utile à un moment donné dans le cadre institutionnel), que de la réalité de la pratique.

Ce processus analytique a d'ailleurs lui-même évolué au cours des années à partir du développement de la théorie. Ainsi, l'attention portée au temps de Freud sur les contenus de l'inconscient, s'est ensuite déplacée sur l'analyse des résistances au travail d'analyse, aux mécanismes de défense et donc plutôt à la libération de l'énergie dépensée de façon négative. On s'est aussi plus intéressé aux aspects relationnels, aux objets d'amour intériorisés pendant l'enfance, par exemple. Enfin, c'est la relation psychanalyste-analysant qui semble constituer le meilleur outil de ce travail. C'est-à-dire que l'analysant actualise dans cette relation, par la contrainte inconsciente à répéter, les fixations infantiles, les traumas, tous ceux des éléments de son histoire qui n'ont pu être représentés, élaborés. Cette contrainte à la répétition, qui appartient à la pathologie, est ici utilisée par l'analyste comme outil de travail. Il s'agit d'amener à une prise de conscience de ces mécanismes et donc à la possibilité d'intégrer dans l'histoire de l'individu ce matériel psychique bloqué, enclavé, matériel rendu ainsi à nouveau disponible.

Que peut-on attendre d'une cure ?

La cure psychanalytique dure plusieurs années, durée liée au nombre d'années pendant lesquelles les problèmes se sont noués, les traumatismes accumulés, etc. Des recherches récentes ont montré l'incidence du moment où se fait l'évaluation sur le résultat. Dans ce cadre, la psychanalyse offre des résultats à court terme peu différenciables d'autres thérapies, et même inférieurs dans certains cas. En revanche, lorsque l'évaluation se fait à distance du traitement (quelques mois après la fin du traitement), les résultats de la psychanalyse sont nettement plus positifs que les thérapies auxquelles elle est comparée. Ceci n'est pas surprenant car, comme nous l'avons vu, la psychanalyse ne prend par pour objectif la disparition rapide d'un symptôme, mais plutôt la réorganisation psychique qui permet de vivre autrement avec les difficultés de la vie.

La psychanalyse ne peut transformer après coup les situations vécues, faire qu'un traumatisme disparaisse, par exemple. Mais elle permet de se représenter, de penser autrement, d'intégrer et d'utiliser ces expériences, de leur donner un sens, voir de les potentialiser pour de nouveaux investissements.

Elle produit donc une modification globale des manières d'être et d'agir de la personne. C'est dire que l'analyse ne se réduit pas à un exercice intellectuel. Lorsque l'on y parle de prise de conscience, c'est d'un phénomène qui s'accompagne de tous les niveaux de résonance (émotionnel, affectif, représentationnel, corporel...). L'analyse produit un dégagement d'une énergie jusque-là accaparée par l'importance des processus défensifs, énergie libérée pour d'autres investissements. Cet effet de libération se manifeste aussi dans la liberté d'expression apprise sur le divan (par l'affaiblissement des contraintes surmoïques), et dans une plus grande tolérance vis-à-vis de soi-même comme aussi dans les relations avec les autres. De ce fait, l'analyse amène une meilleure capacité d'ajustement à la réalité, d'acceptation de niveaux de tension et de frustration plus élevés auxquels elle permet de répondre de façon satisfaisante. Nous citerons encore deux autres de ces effets : un meilleur usage de l'agressivité (moins inhibée, rendue plus constructive), et le développement des capacités imaginaires, créatives.

Bien sûr cette énumération ne constitue qu'une synthèse. Il n'existe pas de profil type du « bien analysé » !

Quand la cure ne fonctionne pas

A contrario, quels sont les signes d'une psychanalyse qui « ne marche pas » ? Généralement cela se manifeste sous la forme d'un enkystement, une situation qui est marquée par la répétition, la stagnation, l'ennui, la perte du processus associatif (il ne vient plus grand-chose !), l'absence de rêves, une relation figée. Mais celle-ci peut se manifester sous un jour qui ne semble pas en soi négatif ni désagréable, simplement la psychanalyse n'est plus qu'un rituel (qui pourrait durer encore longtemps comme ça...).

Le côté désagréable, voire les émotions de colère, de dépression, de manque de confiance, sont plutôt des manifestations dynamiques en relation avec le processus analytique. Elles doivent en tout cas être analysées dans ce cadre. L'absence d'émotion, d'intérêt, et surtout le tarissement associatif, sont plus inquiétants. Il faut pouvoir mettre un terme quitte à reprendre à une autre période de sa vie, avec quelqu'un d'autre, par exemple. Au bout de quelques années, la perspective de la fin de la situation analytique est un facteur dynamique du processus analytique.

Valérie est-elle débile ?

Des professionnels qui ne comprennent vraiment rien. Pourtant ils ont été sélectionnés en raison de leur niveau de formation et de leurs compétences. Mais voilà qu'à partir d'un certain moment, ou dans certaines circonstances, ils manifestent qu'ils ne comprennent vraiment rien et, quel que soit leur statut, ils donnent vraiment l'impression d'être débiles ! On peut s'interroger sur ce qui produit ce phénomène… et considérer que cette débilité est un symptôme institutionnel.

Dominique, nouvellement embauchée, participe à la première réunion de service. Le contenu de ce qui se dit est relativement peu intéressant et englobe beaucoup de considérations administratives. Mais Dominique remarque particulièrement les interventions de Valérie, toujours « à côté de la plaque » comme on dit : on répète, on lui explique, mais manifestement elle ne comprend rien.

Dominique cherchera à comprendre ce qui se passe dans cette institution. Elle réalisera ainsi que la paralysie mentale de Valérie s'inscrit dans un fonctionnement de groupe très fusionnel et paradoxal. « Tous pareils » est le catéchisme local, très démagogique, mais, en réalité, tous sont paralysés par le chef quant à leurs carrières. Alors si cette analyse est appropriée, Valérie est le « porte-symptôme » d'un mouvement qui la dépasse, un mouvement institutionnel que sa sensibilité propre a saisi, à sa façon. Au bout de quelques années Dominique arrivera à sortir Valérie de cette impasse professionnelle et personnelle, sans, bien sûr, guérir pour autant sa névrose, mais ce n'était là ni son but ni sa compétence.

Cet exemple illustre ces phénomènes de paralysie mentale ou comment un mouvement émotionnel inconscient, groupal, peut bloquer les processus de pensée. Phénomène que l'on observe de façon caractéristique dans les situations d'enseignement, de formation (en raison de l'importance donnée aux processus cognitifs dans ce cadre).

Les psychothérapies psychanalytiques

On désigne ainsi les pratiques de psychanalystes qui ne se font pas dans le dispositif divan-fauteuil, mais en face-à-face. La différence entre ces deux positions, pour l'analysant, concerne l'état de mise au repos du corps sur le divan, état qui favorise l'attention portée aux processus psychiques ainsi qu'une certaine régression propice à l'association d'idées. De plus, ne pas avoir de vis-à-vis conforte le travail d'introspection et offre une plus grande liberté d'expression (dans la mesure où l'analysant n'a pas à tenir compte des mimiques de l'interlocuteur), support aux processus projectifs, au développement du transfert. De la même façon, du côté de l'analyste, l'absence de contrainte sociale liée au face-à-face, favorise l'attention flottante et la libre association. Le face-à-face rétablit la contrainte sociale même si l'analyste cherche toujours à l'ouvrir à une plus grande liberté de part et d'autre.

À côté des psychothérapies psychanalytiques verbales qui restent souvent assez proches de la cure, on trouve les pratiques dites à médiations. Elles offrent la possibilité d'autres modes d'expression (motrice, artistique, etc.), une part active, tout en maintenant la place nécessaire à la verbalisation (prise de conscience, mise à distance, élaboration). Elles sont caractérisées par l'introduction dans la relation thérapeutique d'un intermédiaire, par exemple un objet (jouet, photo, dessin, modelage, instrument de musique...), ou un processus, comme l'improvisation (psychodrame, musicothérapie), etc. Cet intermédiaire facilite les processus projectifs en les rendant moins personnalisés (on parle, par exemple, du dessin ou de l'instrument de musique plutôt que de la personne qui l'a réalisé, ou qui en a joué), et plus facilement reconnaissables. Ces pratiques ont chacune leur spécificité et offrent ainsi une palette importante lorsque la situation clinique nécessite un tel aménagement. Ce sont des thérapies en situation individuelle ou groupale. Dans ce dernier cas, le groupe lui-même peut être considéré comme une médiation et son fonctionnement fait aussi partie de l'analyse.

Ces pratiques sont très développées, autant pour les adultes que pour les enfants et les adolescents. Le caractère psychanalytique est alors assuré par la formation du thérapeute, par ses références théoriques, ses modes de compréhension et d'intervention.

L'analyse de groupe

Il s'agit de « groupanalyse », d'analyse de groupe et ou de psychothérapie analytique de groupe. Ces pratiques sont en développement. L'analyste de groupe doit bien logiquement avoir eu l'expérience pour lui-même de l'analyse de groupe. Cette condition est la base de la formation à l'école foulksienne, tandis que l'école française demande, de plus, que le futur analyste de groupe ait aussi l'expérience de l'analyse individuelle, afin d'être à même de pouvoir articuler le niveau individuel et le niveau groupal dans son travail.

La séance d'analyse de groupe

Les participants, en petit groupe, sont invités à s'exprimer librement sous le mode de l'association d'idées (même consigne que dans l'analyse individuelle), et les règles de discrétion et d'abstinence sont également les mêmes. Les analystes interviennent prioritairement au niveau des processus groupaux, mais pas uniquement. Selon les cas il y a un ou deux analystes, la durée des séances est de l'ordre d'une heure à une heure et demie. La durée du traitement est en moyenne de deux à trois années (mais certains groupes peuvent durer plus longtemps).

Les analystes de groupe ont souvent été formés à d'autres méthodes thérapeutiques comme le psychodrame, la relaxation, la musicothérapie, la psychothérapie d'enfants ou d'adolescents. Les pratiques diffèrent alors en fonction des emprunts faits à ces méthodes.

Le face-à-face groupal offre un dégagement par rapport à la relation duelle, plus contraignante, il offre aussi une multiplicité d'identifications potentielles, supports aux changements thérapeutiques individuels. De plus, le groupe inaugure une histoire commune, analysable avec le concours de tous, qui permet de mettre en évidence les processus de projection, de répétition, etc. Pour certaines personnes, psychanalyse individuelle et psychanalyse groupale peuvent être complémentaires (dans un ordre ou l'autre) mais non de façon simultanée.

L'analyse de groupe a montré un intérêt thérapeutique particulier dans le cas de difficultés liées à l'organisation même de la personnalité, de vécus traumatiques. Elle permet bien sûr d'explorer les difficultés relationnelles de toutes sortes.

L'approche interculturelle

Cette approche a été initiée dans les années 1980 par Jean-Claude Rouchy (France) Jaak Le Roy (Belgique), Malcom Pines et Dennis Brown (Grande-Bretagne). Encore très insuffisamment développée, l'approche psychanalytique interculturelle est une forme de l'analyse de groupe, avec la particularité que, dans ce groupe, sont réunis des personnes de cultures différentes. Les difficultés relationnelles peuvent ici être travaillées assez directement mais, surtout, l'analyste sera attentif à ce qui se met en commun, au niveau inconscient, pour former un groupe. C'est-à-dire à un niveau transculturel, niveau qui rencontre, chez chacun, ce qu'il y a de proprement humain et de communicable, et qui rapproche fondamentalement les analysants, les uns des autres. Au-delà des particularismes, des difficultés de langue, il apparaît que les membres du groupe peuvent communiquer à certains niveaux, utiliser, si nécessaire, le non-verbal, et réaliser qu'une véritable communication peut se mettre en place, qu'une confiance peut être assurée. Pourtant il reste des parties, des traces de la culture d'origine qui sont des entraves à la relation tant qu'une prise de conscience de leur existence n'a pu être faite (J.-C. Rouchy parle à ce propos d'« incorporats culturels »). Le groupe offre ce lieu d'élaboration de l'étrangeté de l'autre et de sa culture.

Rachida, le faux et le juste

Rachida est à sa deuxième tentative, après un cours de chant classique, qui n'a pas répondu à son attente. Elle se sent en échec, elle souhaite vraiment chanter, chanter juste.

C'est dans le cadre d'une activité d'expression vocale que nous la recevons. Lorsque nous lui demandons de reproduire un son du piano, Rachida s'exécute sans difficulté apparente, ce qui bien sûr est en contradiction avec son sentiment et même sa souffrance de chanter faux.

Il faudra près de six mois de séances hebdomadaires avant que Rachida, un jour, à l'écoute de l'enregistrement de ce qu'elle vient de chanter (nous faisions toujours cette reprise dans les séances), observe que *« Cela va bien avec le piano »*. Nous lui demandons alors ce qui sonne faux pour elle. À ce moment Rachida peut préciser que, malgré tout, ce n'est pas en accord avec ce qu'elle a dans la tête, avec sa représentation du résultat sonore recherché. Rachida avait précieusement gardé l'écho des voix de son enfance, les voix des femmes algériennes de son village, en particulier lorsqu'elles criaient ou chantaient... À partir de ce jour Rachida fit des démarches pour se rapprocher de sa culture d'origine, aux vacances suivantes elle fit un séjour en Algérie.

Qu'est-ce que le juste, qu'est-ce que le faux ? Rachida fait la démonstration de l'écart entre la réalité extérieure, objective dit-on, et la réalité intérieure. Et, dans celle-ci elle trouve les traces de cette imprégnation précoce, les « incorporats culturels » de J.-C. Rouchy.

La psychanalyse de l'enfant

Les conditions de la prise en charge de l'enfant sont très différentes que celles de l'adulte. L'enfant est, en effet, dépendant de ses parents et ce sont le plus souvent ces derniers qui font une demande de traitement. Le contrat de départ est donc passé avec l'enfant et ses parents. L'enfant jeune n'a pas les mêmes modalités d'expression que l'adulte, il faut donc que l'analyste puisse accueillir une « libre association » qui passe par le dessin, le jeu, et d'autres médiations, qui constituent les formes naturelles qui, chez l'enfant, accompagnent et complètent la parole. Enfin, le psychisme de l'enfant est en cours de développement et de structuration, le travail psychique proposé interfère donc directement sur cette maturation. Nous avons déjà vu que certains auteurs (A. Freud, M. Klein, D. W. Winnicott, F. Dolto) se sont rendus célèbres par les propositions théoriques et techniques qu'ils ont faites pour ouvrir la psychanalyse aux enfants. Beaucoup de psychanalystes travaillent actuellement avec les enfants et les adolescents, en situation individuelle ou en petits groupes. Ces pratiques constituent donc un domaine très actif de la psychanalyse. Les inhibitions, les problèmes scolaires, les difficultés comportementales, relationnelles, mais aussi l'expression somatique de ces difficultés, les épisodes dépressifs, etc., sont parmi les problèmes le plus souvent rencontrés dans cette pratique. Dans ce cadre le psychanalyste a souvent la satisfaction de rencontrer une grande réceptivité chez l'enfant jeune, facilitant la remise en route des processus affectifs et intellectuels. À noter aussi que la psychanalyse de l'enfant s'est développée particulièrement en direction de l'intervention précoce et de la prévention, avec un intérêt particulier au développement du nourrisson.

Les thérapies familiales psychanalytiques

Il y a une cinquantaine d'années, Gregory Bateson découvrait l'existence de messages contradictoires, de communication paradoxale dans les familles de schizophrènes. Ce fut là le point de départ de la théorie systémique de la famille et d'une nouvelle forme de thérapie, la thérapie familiale systémique. Le malade est considéré comme un élément du système familial, ce dernier étant construit pour garantir une certaine stabilité. La nouvelle proposition est d'intervenir sur le système et non sur la personne qui se trouve avoir le rôle de malade. Il convient donc de traiter la famille, de tenter de modifier le système. Cette approche systémique a été développée dans une orientation comportementale visant à intervenir par des injonctions, des exercices, etc. Nous sommes donc loin de la psychanalyse…

Pourtant les psychanalystes se sont intéressés à ce nouveau dispositif : recevoir la famille et se mettre à l'écoute de cette situation bien particulière pour tenter d'aider à des prises de conscience. Les thérapies familiales psychanalytiques se sont beaucoup développées ces dernières années, ce qui est remarquable vu la difficulté, l'importance des contraintes, pour la famille comme pour les analystes.

La séance de thérapie familiale psychanalytique

En général c'est à l'initiative d'un des membres de la famille que le projet est mis en place. Cette personne doit donc mobiliser sa famille pour un travail thérapeutique (ce qui n'est pas une mince affaire !). La séance regroupe donc au moins trois personnes, mais le plus souvent quatre ou cinq : parents, enfants, voire grands-parents, oncle, tante, etc. Les rendez-vous sont relativement espacés en raison des difficultés à réunir les personnes. Plus souvent mensuelles qu'hebdomadaires, les séances durent en moyenne une heure, à une heure et demie. Elles sont réalisées en présence généralement de deux psychanalystes spécialisés dans ce type d'approche. Les participants sont invités à s'exprimer librement. Il n'y a donc pas de polarisation sur la personne considérée comme celle qui pose le plus de problèmes.

Il s'agit d'un travail qui tolère et inclut la complexité relationnelle. De ce fait, les psychanalystes interviennent relativement peu, mais favorisent l'expression, la communication (les non-dits, les secrets de famille) et la prise de conscience. Tenir compte de la famille suppose donc intégrer les différences de sexe et de générations. Ces dernières recontextualisent le vécu conflictuel, de souffrance, actuel dans l'histoire familiale. Ce travail a toujours des effets de dégagement, d'élucidation, qui permet à chacun de mieux se situer comme individu.

Le petit fils

À la naissance de son troisième petit-fils, Mme B. colle une photo du bébé sur l'album familial avec la légende : 21 juillet 1983. Lorsqu'un moment après elle reprit l'album, stupéfaite, elle réalisa son erreur : ce devait être 2003 et non 1983... Alors pourquoi cette date ? Que vient-elle faire dans cette situation ?

Quelques jours plus tôt, elle recevait la visite d'une belle-sœur et de son mari. Elle était très fière de lui présenter son petit-fils, mais au moment de faire les présentations, elle dit à l'enfant, en présence du couple *« Regarde c'est marraine*

Élisabeth ! » À peine avait-elle prononcé ces mots qu'elle se reprenait en disant : *« Mais pourquoi j'ai dit marraine ? »* Car, en effet, sa belle-sœur n'était pas la marraine de ce nouveau-né.

Voici donc deux actes manqués en quelques jours, à l'occasion d'une situation significative pour elle et la famille.

Élisabeth, la belle-sœur, était en réalité marraine du fils de Mme B. Au cours de leurs échanges, Mme B., qui tenait le bébé dans ses bras, avait exprimé par ce lapsus, tout ce que ce contact évoquait en elle, physiquement. Élisabeth avait compris que sa belle-sœur exprimait ainsi son désir d'enfant. 1983 était l'année de naissance du fils de Mme B., celui dont Élisabeth était marraine. Les deux actes manqués de Mme B. étaient donc tous les deux des expressions du désir inconscient de Mme B. d'avoir un autre fils (elle avait eu aussi plusieurs filles).

Les psychothérapies d'inspiration psychanalytique ou « psychodynamiques »

Une autre façon de répondre à l'évolution des mentalités est de parler de « psychologie dynamique ». Cette formule est une façon « molle » de parler de psychanalyse, ou plus encore de désigner des succédanés de la psychanalyse.

Elle apparaît actuellement en vogue dans les pays anglo-saxons, à la suite des mouvements critiques à l'égard de la psychanalyse « traditionnelle ». Elle englobe donc un ensemble de pratiques qui se réfèrent encore au moins à certains aspects de la théorie psychanalytique. Le risque est de se trouver face à un fourre-tout qui ne peut en rien faire avancer ni la théorie ni la clinique ni la recherche dans ce domaine. Dans ce cas le psychothérapeute n'est pas lui-même formé à la psychanalyse, mais il en partage la théorie et s'en inspire soit dans sa pratique, soit dans sa réflexion.

Il existe encore des psychothérapies dites psychodynamiques, c'est-à-dire d'inspiration psychanalytique dans la mesure où le thérapeute, qui n'est pas nécessairement un psychanalyste, utilise des éléments de la théorie psychanalytique pour analyser la situation clinique qu'il propose. Il s'agit donc ici d'une appellation très large. Le terme de psychodynamique s'emploie pour signifier l'attention portée au conflit psychique et aux processus inconscients.

Dans toutes ces pratiques qui ne sont pas réalisées dans le dispositif de la cure type la question du transfert se pose aussi de façon différente. Il n'est pas potentialisé comme dans la cure, et il ne fait pas l'objet de la même analyse. Il faut souligner que, dans la situation actuelle, il y a un fort développement de ces pratiques au niveau international. Ainsi, par exemple, dans un récent congrès européen d'art thérapies, toutes les communications étaient référencées à ce courant psychodynamique.

Choisir son psychanalyste

Les principales études comparatives sur les résultats des psychothérapies et des psychanalyses ont montré l'importance centrale du thérapeute. Ceci souligne l'importance de bien choisir son thérapeute : s'assurer de sa formation (et donc de sa compétence), mais aussi de ses qualités humaines, de la confiance que l'on peut lui accorder. Finalement, ce que l'on appelle le transfert se joue tout comme le contre-transfert (du côté de l'analyste) dès les premières minutes de la rencontre (et aussi par téléphone !). Il faut alors pouvoir différencier un effet de séduction d'une relation plus authentique.

Nous rappellerons que, pour toute recherche de résultats rapides, voire en urgence, de décisions importantes dans le présent, la psychanalyse ne peut pas être la réponse. Il existe pour ces situations, les psychothérapies dites de soutien, certaines thérapies comportementales, cognitives, l'hypnose et les médications.

Pour les personnes qui ont beaucoup de difficultés à supporter toute frustration, la psychanalyse n'est pas non plus adaptée. On ira de préférence vers les psychothérapies psychanalytiques qui constitueront un cadre aménagé et donc plus supportable.

Précisons encore que les praticiens de la psychanalyse viennent d'horizons professionnels différents. Parmi les médecins, on trouve surtout des psychiatres, c'est-à-dire des spécialistes des maladies mentales, de la psychopathologie. Les médecins sont les seuls à pouvoir donner des ordonnances, notamment pour des traitements médicamenteux. Mais il faut préciser que généralement, dans leur pratique de la psychanalyse, ils ne délivrent pas de médication (le patient qui en a besoin est alors suivi médicalement par un confrère).

Les psychologues cliniciens sont aussi nombreux à être psychanalystes. Ce ne sont donc pas des médecins, mais ils peuvent être docteurs en psychologie clinique (ce n'est pas obligatoire). Ce sont donc des professionnels de la relation et du fonctionnement psychique dans ses aspects aussi bien normaux que pathologiques. Certains encore, sont issus d'autres domaines, notamment des sciences humaines, des disciplines linguistiques. Ils peuvent être sociologues, philosophes, enseignants, critiques, etc.

Il est donc important de se renseigner préalablement, en fonction de ce que l'on recherche, sur le profil professionnel du psychanalyste. Il y a actuellement plusieurs milliers de psychanalystes en Europe, autant en Amérique du Nord et en Amérique du Sud. D'autres continents sont moins représentés : l'Afrique, en particulier, compte très peu de praticiens. Pour s'informer on peut très utilement contacter les associations et sociétés de psychanalystes.

La psychanalyse et les autres psychothérapies

La psychanalyse partage, avec les autres psychothérapies un certain nombre de points communs. Nous trouvons, en effet, *a minima*, certains facteurs présents dans toute psychothérapie, comme l'a souligné C. Bloch auquel nous emprunterons quelques-unes de ces généralités.

Les sept composantes

On retrouve ces composantes principales dans toute psychothérapie. Ce sont : un thérapeute, un patient, un lieu, une relation, un coût, une méthode, une théorie.

- un thérapeute. C'est-à-dire une personne qui se définit comme pouvant aider, soigner. S'il n'existe pas encore de diplôme d'État de psychothérapie ou de psychanalyse, les associations de chacun des courants psychothérapiques ou psychanalytiques organisent elles-mêmes les formations dont elles définissent les critères. Les fédérations internationales travaillent pour une certaine uniformisation de ces formations entre les pays. Elles définissent également des règles de déontologie ;
- un patient, ou encore un client. C'est-à-dire une personne qui, à la suite de difficultés personnelles (accompagnées ou non de symptômes apparents), dont elle souffre et qu'elle ne réussit pas à surmonter, demande l'aide d'une autre personne qui a pour appellation professionnelle « psychothérapeute » ou « psychanalyste » ;
- un lieu de rencontre pour les séances de thérapie. Ce lieu ainsi professionnalisé, peut être un lieu institutionnel, une consultation, un hôpital, une association ou un cabinet privé. C'est le lieu potentiel d'expérimentation du changement souhaité par le patient ;
- une relation particulière entre patient demandeur et thérapeute attentif à la demande. Relation qui ouvre de ce fait un espoir, moteur de tout traitement. Cette relation se développe en une série de contacts plus ou moins étalés dans le temps, mais précisément programmés ;
- un coût. C'est la rémunération du thérapeute, cette rémunération marque le fait qu'il s'agit d'un acte professionnel, ainsi différencié de l'écoute amicale des proches du patient, de l'intervention de bénévoles, etc. Elle préserve d'un intérêt personnel autre que financier, d'une séduction, c'est-à-dire de liens facilement pervertis (notamment par la situation de dépendance créée). Du côté du patient, le coût financier d'une séance n'est pas sans relation avec l'importance

donnée à cette rencontre et la dynamique du travail accompli. On rappellera ici la dimension anale du rapport à l'argent et donc l'inscription dans le développement psychosexuel, dans l'histoire de chacun. L'expérience quotidienne témoigne d'ailleurs que la question de l'argent reste toujours une question sensible pour tout adulte ;

- une méthode, un savoir-faire particulier, plus ou moins définis. Nous savons que les méthodes de psychothérapie sont multiples et très variées (plus de cinq cents identifiées comme telles) ;
- une théorie, ou un système de référence. Même si l'empirisme joue souvent un rôle important, toute pratique de psychothérapie suppose au moins implicitement une conception de la santé, de la normalité, de la maladie, de l'inadaptation, du bonheur, plus ou moins partagée culturellement. Certaines psychothérapies sont, elles, très précisément référencées à une théorie, par exemple, la psychanalyse, les thérapies systémiques, le psychodrame, etc. D'autres encore se veulent holistiques, ce qui signifie qu'elles prennent un peu de toutes les théories, malgré, parfois, des incompatibilités évidentes.

Enfin, il est difficile de ne pas admettre, à la suite de Bloch, que toute psychothérapie comporte des facteurs d'apprentissage et de suggestion, d'une part, de transfert et de contre-transfert, d'autre part, et ce, même si les premiers termes sont précisément attachés aux thérapies comportementales et cognitives, et les deux derniers à la psychanalyse. Mais il est différent de considérer la présence d'un facteur et de prendre ce facteur comme principe fondateur ou comme outil d'analyse de la technique considérée.

Lorsque l'on compare la psychanalyse aux autres psychothérapies c'est, en général, pour mettre en évidence certains axes d'opposition. Le processus analytique est plus qu'un processus thérapeutique dans le sens où il ne s'arrête pas avec un résultat thérapeutique. Comme nous l'avons indiqué, celui qui a fait une analyse a intériorisé une forme de pensée, un certain rapport avec lui-même, une capacité d'auto-analyse qui l'accompagnent en toute situation. De ce point de vue c'est un travail qui se poursuit à très long terme.

Psychanalyse et TCC

Rappelons encore que si les autres psychothérapies peuvent donner des résultats plus rapides, la psychanalyse quant à elle s'apprécie à plus long terme par des résultats très stables. On oppose en général les approches psychanalytiques aux thérapies comportementales et/ou cognitives (les fameuses TCC qui ont vu un développement important ces dernières années). Ces thérapies sont très instrumentalisées et accordées aux valeurs de notre société : efficacité, immédiateté, performance, notions qui, bien sûr, vont à l'encontre du travail psychanalytique. Les TCC offrent des formes de rééducation, d'intervention active pour modifier le comportement et/ou la façon de penser.

Psychanalyse et thérapies humanistes

Mais on peut aussi opposer la psychanalyse aux thérapies humanistes, et ce, même si ce dernier terme exerce une certaine séduction, dans le sens d'un rapprochement attendu. La psychanalyse ne serait-elle pas humaniste ? Il faut ici s'en tenir à la définition de ce courant de pensée qui, initié aux États-Unis par Abraham Maslow s'est beaucoup développé depuis. Cet auteur, en créant ce nouveau courant, s'opposait clairement tant aux thérapies comportementales qu'à la psychanalyse. Il considérait ces deux courants de pensée comme réducteurs et trop pessimistes par rapport à l'humanité. En effet, Maslow ne veut pas s'attarder aux ombres de l'inconscient, il cherche à soutenir tout élément pour lui positif (on dit parfois qu'il faut « positiver », c'est son point de vue), et évite de « s'appesantir » sur le passé. Ce courant qui traverse maintenant plusieurs techniques différentes se concentre sur les aspects jugés positifs de l'être humain (le beau, le bien, le plaisir, etc.), évitant d'aborder tout ce qui angoisse, agresse, fait violence.

Une des façons de s'orienter peut donc être de faire le point des valeurs que l'on partage et que l'on souhaite développer pour sa vie personnelle. Car, même court, le traitement n'est pas sans conséquences. Nous avons vu, au début de cet ouvrage, la façon dont Freud s'est progressivement dégagé de l'hypnose, par exemple, en raison du type de relation que cette technique conditionne et/ou renforce. Avec le dispositif analytique, Freud se donne les moyens de ne pas adhérer au personnage tout-puissant, de ne pas jouer le rôle recherché par le patient, d'inclure dans le travail la relation psychanalyste-analysant. De ce fait, les attitudes de dépendance et les projections de l'analysant doivent être actualisées pour être dégagées et permettre une libération de ces besoins infantiles.

Mais on peut aussi avoir besoin (au sens fort) à un moment donné d'une satisfaction rapide. Ces techniques sont là pour répondre à ce type de situation. Le conditionnement peut aussi être une des seules voies encore possible pour de grands handicapés par exemple.

Outre la dimension temporelle, les grandes différences entre la psychanalyse et ces autres thérapies, ce sont la place et l'intérêt donnés ou non à l'inconscient, et l'analyse de la relation thérapeute-patient, analyse qui ne fait pas partie de la plupart de ces autres techniques. L'important est donc de bien évaluer l'adéquation de la technique. Tout en rappelant, une fois de plus, que la qualité humaine du thérapeute joue au moins autant que sa technique.

La stéréotypie

Un des symptômes très discutés dans le cadre de la psychose et de l'autisme, notamment, est la présence de gestes stéréotypés, gestes répétitifs, réalisés comme sous une forme de contrainte intérieure, sans conscience de cet état. Ces gestes peuvent être très gênants dans la vie quotidienne, même s'il ne s'agit là qu'une des manifestations de la pathologie.

Dans toutes les séances de musicothérapie, David, jeune autiste de quatre ans, se précipite sur le magnétophone, manipule frénétiquement les boutons (marche, arrêt, retour). Dans le cadre de la séance, la bande qui se trouve sur le magnétophone correspond à l'enregistrement de notre relation sonore. C'est donc cet enregistrement que David interrompt, reprend, rembobine, etc. Dès la première séance, l'éducatrice qui accompagne David s'insurge de la présence de cet appareil qui lui est interdit dans la vie quotidienne. Sa présence est donc considérée comme nuisible, renforçant une mauvaise tendance à l'origine du comportement stéréotypé observé. Devant un tel comportement (relativement fréquent dans ce cadre) il y a, en effet, plusieurs possibilités : l'interdire en faisant disparaître l'appareil ; tenter un déconditionnement systématique ; tenter, au contraire d'apprendre à David le maniement technique ; ou bien encore d'essayer de comprendre ce que fait David. Cette dernière position, que nous avons prise, suppose un parti pris de sens (il y a quelque chose à comprendre), qui n'a pas de support apparent (c'est un comportement répétitif donc qui ne s'explique pas dans une situation précise). Il faut donc que ce parti pris soit très général : tout comportement humain a une dimension subjective (un monde intérieur) que l'on peut tenter d'explorer.

Notre prise de position a donc été l'objet de beaucoup de critiques. Mais nous avons toujours accompagné David de notre présence auprès de lui lorsqu'il se précipitait sur le magnétophone, afin de chercher une explication. Il nous a fallu plus d'un an de séances hebdomadaires pour un jour comprendre ce qui se passait sous nos yeux : David produisait une sorte de composition contemporaine en utilisant, ce jour-là, l'enregistrement en contretemps avec sa propre production vocale (chantonnement, cris). Devant ce qui nous apparaissait soudain comme une évidence, nous avons alors répondu à David, vocalement, en contretemps de ce qu'il venait de produire avec le magnétophone... et sa réponse sonore ne se fit pas attendre. La pensée sonore de David était particulièrement complexe, mais c'était une vraie construction qui nous a finalement permis de communiquer.

Il s'agit donc, bien plus que d'une technique, d'un choix, d'une démarche humaine.

Sciences cognitives et thérapies cognitives

Les sciences cognitives s'appliquent à analyser les opérations mentales comme l'attention, la mémoire, avec des outils modernes, en relation avec les neurosciences. De ce fait elles peuvent éclairer certains des processus utilisés et mis en valeur dans la pratique et la théorie psychanalytiques. En revanche, les thérapies cognitives, elles, ne font que répéter les thérapies suggestives et comportementales connues depuis longtemps dans l'éducation (mais aussi l'Armée, l'Église, les États totalitaires, etc.) et dont les fondements scientifiques ont été apportés par les travaux de Pavlov sur le conditionnement. Bien sûr les conceptions actuelles du cerveau sont perfectionnées, et les modèles utilisés suivent les technologies contemporaines (le cerveau ordinateur et ses logiciels, par exemple).

Un exemple de l'avancement de l'analyse des processus mentaux est celui de l'empathie que nous avons évoquée précédemment.

Le CD oublié

Je prépare des morceaux de musique pour illustrer une conférence. Je choisis notamment des œuvres contemporaines, Gérard Grisey et Pierre Henry. Pour ce dernier, je passe un certain temps à réécouter des 33 tours pour sélectionner les passages de ses premières œuvres que je trouve beaucoup plus fortes que sa dernière symphonie, saluée par la presse spécialisée, et qui a eu pourtant un succès plus important. Je pars avec ces morceaux et décide finalement d'amener quand même cette dernière œuvre en pensant que peut-être les organisateurs de la conférence y seraient plus sensibles (elle est plus commerciale). Mais je reste bien décidée à dénoncer une dérive et un certain renoncement de la part du compositeur. Arrivée à la conférence je présente les disques aux organisateurs et découvre que la pochette de la symphonie est vide ! Je l'ai laissée sur le lecteur de CD chez moi ! Je n'étais décidément pas prête à faire de concession !

J'évite ainsi de me fâcher avec ce musicien ou son entourage, mais je manifeste aussi clairement le peu d'intérêt que je porte à cette œuvre.

La psychanalyse est avant tout une pratique de l'intersubjectivité, et, de ce fait, elle ne peut être formatée. Mais les tendances naturelles à la rigidification, à l'idéalisation, et à l'esprit sectaire sont actives au sein de ses institutions comme dans tout le milieu social. Cela est aussi à analyser !

La psychanalyse propose un dispositif de travail sur soi qui, dans la forme, s'oppose aux attitudes éducatives, socialisantes, de conseil, d'intervention avec plus ou moins d'autorité. Le choix de toute aide psychothérapique doit tenir compte des objectifs poursuivis, des conditions de vie actuelles (la faisabilité), des préférences pour une technique plutôt qu'une autre, et de la personne du thérapeute.

La première séance

Sylvain est sur le chemin de sa première séance d'analyse, il marche sur le boulevard, anxieux d'être bien à l'heure au rendez-vous, lorsqu'il s'entend siffloter un air connu. Il y prête attention et reconnaît la chanson *Ne t'en fais pas.*

« *Oh ne t'en fais pas*

C'est toujours comme ça

La première fois... »

Il éclate de rire à l'allusion contenue dans ce texte : comme si la séance était un rendez-vous amoureux ! C'est dire que le transfert était déjà bien en place !

Comparaison entre les psychothérapies se référant à la psychanalyse et la cure psychanalytique proprement dite

	Cure psychanalytique	**Analyse de groupe**	**Psychothérapies analytiques**	**Psychothérapies psychodynamiques**
Théories	Freud/Klein/Lacan	Foulkes/Bion/Anzieu/Kaës	Divers auteurs	Divers auteurs
Relations Thérapeute/ Patient	Psychanalyste/analysant	Groupe avec un ou deux psychanalystes	Relation individuelle ou groupale/ familiale un ou deux psychanalystes	Idem
Dispositifs	Fauteuil/divan L'analysant ne voit pas le psychanalyste	Face-à-face groupal Le(s) psychanalyste(s) est (sont) dans le groupe	Face-à-face en individuel ou en groupe (soutien plus important) Les thérapeutes sont psychanalystes	Idem Diversification des approches Formations souvent composites des thérapeutes
Objectifs	Récupérer une partie des contenus de l'inconscient Dégager l'énergie utilisée à maintenir ces derniers inconscients Une meilleure qualité de fonctionnement Intégration de l'histoire personnelle	Mêmes objectifs auxquels s'ajoute : le dégagement de l'individuel et du groupal, nouvelles identifications	Les objectifs des colonnes précédentes restent présents, mais associés à des buts plus précisément thérapeutiques	Idem Les objectifs sont plus thérapeutiques, moins analytiques
Conditions	Capacité d'introspection, de verbalisation de supporter la frustration Travail sur la durée	Idem Mais le groupe peut aussi faciliter l'expression, et la durée peut être inférieure	Les modalités d'expression offertes sont plus variées, selon les techniques, la durée plus courte que la cure	Idem
Contre-indications	Recherche d'un résultat rapide Situation de crise, décision en urgence Incapacité de supporter la frustration	Idem	Selon la technique utilisée Peu de contre-indication	Idem

Conclusion

Entre les premiers écrits freudiens, aux fondements biologiques, matérialistes, et les derniers écrits lacaniens, aux accents philosophiques, hégéliens, la psychanalyse peut être vue comme un vaste mouvement de la pensée sur la question de l'humanité de l'homme, qui va de son ancrage pulsionnel, voire animal, à son dégagement langagier, esthétique ou mystique.

Aussi, l'orientation très pragmatique, technologique et marchande de notre société actuelle se présente-t-elle comme une chute vertigineuse : le corps en morceaux, en voie de reconstruction, l'esprit en reprogrammation, la robotisation, le *no sex*, et le clonage signent la perte du subjectif, et, avec lui, de l'intersubjectif. Ce mouvement a ses effets jusque dans l'Université française qui peine à faire survivre des « sciences humaines » et ce, jusque dans la psychologie, divisée entre « sciences de la vie » et « sciences humaines » !

Le « tout psychanalytique » a vécu. La psychanalyse demeure avec des limites et des contenus plus définis, et avec des applications sorties d'une orthodoxie paralysante. Ces dernières sont, justement, en voie de développement, répondant à une demande sociale. Elles peuvent paraître comme moins situées dans le contrôle d'écoles et donc laissant plus de marge aux recherches sur l'inconscient. L'importance donnée à la dimension formative, humaine, de l'analyse revient au-devant de la scène, formation indispensable à toute pratique fondée sur la relation. C'est, on l'a vu, la seule pratique à inclure le praticien dans l'analyse qui en est faite (l'analyse du contre-transfert fait partie du travail au même titre que l'analyse du transfert).

Il existe quelques formations courageuses d'analystes qui, entre eux, confrontent leurs analyses mais aussi leurs écoles, leurs appartenances identitaires, leurs cultures, leurs langues, comme dans cette association européenne d'analyse transculturelle de groupe. Toutes ces approches ont en partage une ouverture à la confrontation et à l'exploration communes.

Si ces expériences sont encore minoritaires, elles font apparaître des voies d'enrichissement réciproques indispensables dans la complexité présente.

Comment s'appelle-t-il donc ?

J'ai régulièrement oublié le nom du clarinettiste célèbre, concurrent de mon propre maître. J'avais perçu de la part de ce dernier une certaine gêne à évoquer ce clarinettiste, plus jeune, plus moderne et touche-à-tout. Je l'avais moi-même vu sur scène et trouvé excentrique dans son comportement, opposé en cela au calme et à la concentration de mon maître, comportement que j'appréciais tout particulièrement tant il laissait toute la place à la musique, et savait faire oublier l'instrumentiste.

Cet oubli du nom était une forme de témoignage de fidélité à mon maître : *« Non, je ne me laisserai pas éblouir par ses rivaux ! »*

Encore maintenant il m'est toujours aussi difficile de retrouver ce nom.

Contre l'instrumentalisation de l'être humain, dans le travail, dans la médecine, dans les médications psychiatriques et les traitements de réadaptation à une certaine normalité, la psychanalyse a un rôle essentiel à jouer en offrant cette autre voie toujours ouverte de l'accès à l'humain, de la recherche de compréhension. Bien sûr, il y faut du temps, de la patience même, et ces données ne sont plus de notre société, qui court après le rendement à tout prix.

Pour tous ceux qui ont pu un jour apprécier le soulagement, le dégagement, qu'apporte une interprétation donnée au bon moment, une prise de conscience à partir d'un long « démêlage », la psychanalyse reste irremplaçable. Elle l'est d'ailleurs tout autant dans la pratique individuelle en cabinet, que dans ses applications en groupe, et pour la compréhension des processus relationnels dans les institutions. Dans tous les cas la prise en considération des processus inconscients qui nous gouvernent ouvre des horizons nouveaux.

L'analyse et après...

Stéphane souffrait souvent du dos. Le rhumatologue consulté lui annonça qu'il faudrait complètement le rééduquer. À la cinquantaine Stéphane entendit le verdict comme une mission impossible. Puis il se ravisa, revit le rhumatologue et lui demanda ce qu'il entendait par là. Ce dernier l'adressa à un kinésithérapeute qui, à la surprise de Stéphane, ne lui proposa pas d'exercice, mais des massages. Stéphane s'imaginait bien répéter consciencieusement les exercices, mais par contre il se montra peu rassuré par cette démarche plus passive. Il comprenait bien qu'on lui demandait de se laisser faire, ce qu'il avait du mal à accepter, lui qui était très actif.

Mais Stéphane avait fait quelques années de psychanalyse, il y avait appris l'intérêt d'une telle démarche. Il pensa donc qu'il avait là l'occasion de poursuivre ce travail sur lui-même, et cette fois sans l'aide du psychanalyste. Il accepta donc. Le niveau de tension qui habitait son corps était très important, et il comprit bientôt que s'il ne sentait plus son dos en dehors des périodes de douleur, c'était en raison de la carapace qu'il s'était construite. Le kinésithérapeute restait toujours silencieux, il ne parlait que par les mains. Stéphane se mit à l'écoute de ce nouveau langage, laissa venir les pensées au milieu des sensations et des émotions qui le traversaient. Il découvrit ainsi un jour, en cours de séance, une nouvelle sensation : quelque chose avait lâché, il percevait tout à coup son dos, comme s'il se réanimait. Ce fut un moment de forte émotion. Il se sentit redevenir enfant, un très jeune enfant. Il réalisa plus tard qu'il avait été coupé de son dos depuis son enfance. Sous les doigts du kinésithérapeute lui revenaient des souvenirs de cette période traumatique de son enfance. Stéphane retrouvait un dos sensible, bien vivant et appréciait ce nouveau confort. Lui qui, en mer, se forçait à nager pour faire bonne figure, luttant contre une très grande insécurité, était incapable même de faire la planche. Il découvrit à la suite de sa rééducation, le plaisir de se laisser porter par son dos. Il prit un plaisir tout nouveau à ces activités physiques et apprécia d'avoir pu reconstruire ces éléments de son histoire restés comme enclavés dans son mal de dos.

Stéphane illustre bien cet usage particulier de la pensée, entre corps et représentation, entre sensation actuelle et souvenirs d'enfance, cette liberté associative et ses effets psychiques et somatiques.

La démarche psychanalytique une fois intériorisée se mue en outil de travail, de pensée, pour la compréhension des situations au quotidien. La capacité d'association ouvre aux articulations avec l'histoire personnelle, et avec l'entourage.

Annexes

Glossaire

Appareil psychique : Freud tente de rendre compte de la complexité du fonctionnement psychique (lieux distincts, circulation d'énergie, etc.) par un modèle inspiré de la mécanique, d'où ce terme *d'appareil psychique.*

Archétype : concept utilisé par Jung pour désigner des représentations communes à l'ensemble de l'humanité. Elles se trouvent dans les mythes, les contes et autres productions culturelles. Ce sont, par exemple, Dieu, la sorcière, les anges, les démons, l'ogre, etc. Ces figures composent l'*inconscient collectif* de Jung.

Autre (grand Autre) : concept lacanien qui désigne ce qui est antérieur et extérieur au *sujet*, ce qui représente l'altérité radicale. Le « grand Autre » se situe au-delà de l'autre (avec un petit « a ») de la réalité sociale ou de l'imaginaire du sujet. Il a précédé le sujet et l'a inscrit dans le langage, dans le discours à partir duquel il va s'organiser psychiquement.

Ça : le Ça est l'une des trois instances de la *seconde topique freudienne* (Moi, Ça, Surmoi), c'est-à-dire du modèle de représentation du fonctionnement psychique (voir Topique). Le Ça représente la partie pulsionnelle (voir Pulsion), soit l'équivalent psychique de l'instinct.

Catharsis : il s'agit d'une décharge émotionnelle, initialement mise en évidence dans le théâtre, et recherchée activement dans certaines formes de thérapies. La psychanalyse préfère *l'élaboration verbale* à la catharsis (ce qui n'empêche pas qu'il y ait des effets cathartiques aussi en psychanalyse).

Complexe : groupe d'éléments, de contenus psychiques, détachés du conscient et actifs au niveau inconscient. Jung, Freud, Adler et d'autres psychanalystes ont défini différents complexes. Les plus connus sont *le complexe d'Œdipe* et *le complexe de castration*.

Le complexe d'Œdipe comprend l'ensemble des tendances amoureuses et hostiles de l'enfant à l'égard de ses parents. Il est lié à la différence des sexes et à l'interdit de l'inceste. *Le complexe de castration* correspond à la réponse que l'enfant trouve à la question qui se pose à lui de la différence anatomique des sexes, celle-ci lui apparaissant comme se résumant à avoir ou pas un pénis. L'absence est interprétée, dans le fantasme de castration, comme une punition (pour le garçon), comme un préjudice (pour la fille).

Compulsion de répétition : la répétition est constitutive de notre *organisation temporelle*. On entend par compulsion de répétition une contrainte intérieure à répéter, à se retrouver dans des situations d'échec ou encore le retour douloureux d'images traumatiques, par exemple.

Condensation : il s'agit d'un processus qui concentre sur un objet, une personne, un mot, une pluralité de significations. Il fait partie des principaux *processus de la formation du rêve*. Une image du rêve est ainsi la condensation de plusieurs pensées du rêveur. Le procédé de l'association libre permet de retrouver ces différentes évocations.

Délire : le délire est une idée, une conviction qui ne peut être remise en cause. Le délirant ne doute pas. Il s'agit le plus souvent de la *construction défensive d'une néo-réalité*.

Déplacement : le déplacement est un processus qui permet de *détourner l'attention*. Ainsi, le rêveur peut-il déplacer l'affect, l'angoisse par exemple, de la situation d'origine vers une autre situation plus acceptable.

Désir : de façon générale, ce mot désigne l'attrait sexuel ou spirituel pour un objet. Dans la théorie freudienne, le désir désigne l'accomplissement d'un souhait inconscient. Lacan a renforcé la distinction entre besoin et désir. Le désir naît de l'écart entre le besoin (pôle physique) et la demande d'amour (pôle psychique), il est lié au *fantasme* et donc à l'imaginaire.

Fantasme : le fantasme représente particulièrement la réalité psychique. Il s'agit d'une situation imaginaire dans laquelle plusieurs personnages se trouvent en relation. On parle de *fantasmes originaires* pour désigner les fantasmes que l'être humain construit pour se représenter son origine : la scène primitive (le coït parental), le fantasme de castration (l'origine de la différence des sexes), etc.

Figuration : il s'agit d'un processus psychique qui permet de se représenter une situation, de la mettre en *image*. Ce terme est particulièrement utilisé dans le cadre du rêve, ce dernier transformant en images les pensées du rêveur.

Hallucination : l'hallucination est une *perception sans objet*, sans support physique. Le sujet halluciné entend des voix, voit des objets, des personnes, qui n'ont pas d'existence.

Idéal du Moi : terme utilisé aussi pour désigner le *Surmoi*, il en est la partie idéalisée. Il s'agit de l'idéalisation que fait le petit enfant des figures de l'autorité, des valeurs qui lui sont inculquées par son éducation, etc.

Identification : il s'agit du premier processus relationnel. L'enfant s'approprie (sans en avoir conscience) certains aspects des personnes de son entourage, premières bases de sa personnalité. Pour Lacan, *l'expérience du miroir* joue un rôle décisif à ce niveau.

Inconscient : l'inconscient freudien est principalement le résultat du *refoulement*, c'est-à-dire qu'il comporte des éléments qui ont été censurés par le Surmoi et ne sont plus accessibles à la conscience. La psychanalyse a pour mission de reconquérir une partie de ce « territoire » en ramenant ces éléments à la conscience (en les faisant accepter par le Moi). Jung a ajouté à l'inconscient freudien, l'inconscient collectif, composé d'éléments communs à l'humanité, transmis de génération en génération.

Individuation : concept utilisé par Jung. Il désigne le processus psychique qui amène le sujet à se dégager progressivement de l'inconscient collectif pour se constituer dans son individualité, son histoire propre.

Interprétation : l'interprétation psychanalytique est une des principales modalités d'intervention du psychanalyste. Elle consiste à proposer à l'analysant une mise en relation de ce qu'il dit avec des résonances inconscientes, faisant apparaître un sens nouveau par rapport au discours conscient de l'analysant. Le psychanalyste peut, par exemple, reprendre simplement un mot précédemment prononcé par l'analysant, ouvrant une porte pour une prise de conscience. L'interprétation a été particulièrement développée pour le rêve, le lapsus, le mot d'esprit. Il ne s'agit jamais d'affirmer une conviction du clinicien, mais d'ouvrir la porte à une mise en relation, à une interrogation, à une énigme...

Libido : ce terme de libido a été utilisé par Freud pour désigner tout ce qui relève de l'amour au sens large, depuis l'amour physique jusqu'à l'amour du beau, l'amour mystique, l'amitié, etc. Il se distingue donc précisément de l'instinct. La libido est l'*énergie sexuelle* qui peut se porter, chez l'être humain, sur des objets variés (objet, personne, animal, nature, idées, etc.).

Mécanisme de défense : on entend par mécanismes de défense les processus psychiques mis en place pour lutter contre l'angoisse. Lorsque la défense est efficace, le sujet est soulagé. Ces mécanismes sont donc utiles, nécessaires même. Mais lorsqu'ils sont trop nombreux, trop rigides, les mécanismes de défense peuvent envahir le fonctionnement psychique tout en perdant de leur efficacité : c'est le cas dans toutes les pathologies mentales. Le principal d'entre eux est le *refoulement* car il permet de reléguer dans l'inconscient et de les y maintenir les éléments indésirables pour le Moi.

Métapsychologie : c'est une *théorie du fonctionnement psychique* qui se distingue de la psychologie classique par la place qu'elle accorde à l'inconscient. En la créant, Freud se démarquait de la conception de l'être humain caractérisée par la conscience et la maîtrise.

Moi : dans la théorie psychanalytique, le Moi n'est qu'une des instances de l'appareil psychique. Le Moi est la *partie adaptative*, en rapport avec la réalité extérieure. Il comporte une part non consciente.

Névrose : Freud dira que la névrose est la normalité... Il pensait alors plus à la structure névrotique, bâtie sur *le conflit psychique* (conflit issu, notamment, du complexe d'Œdipe). Toutefois, la névrose fait partie des psychopathologies dans la mesure où il existe une souffrance psychique, souvent accompagnée de symptômes psychiques et/ou physiques. On en trouve plusieurs formes : l'hystérie, la névrose obsessionnelle, la phobie, etc.

Objet : ce terme est utilisé dans le contexte psychanalytique. On parle d'objet du désir, d'objet d'amour, d'objet de la pulsion, de la relation d'objet (ou encore l'objet « petit a » de Lacan). Il ne s'agit pas d'un objet concret, mais représente le *pourvoyeur d'une parfaite satisfaction*, c'est-à-dire qu'il est à l'origine de la quête sans fin de l'être humain.

Préconscient : il s'agit de la partie non consciente du fonctionnement psychique, mais qui, contrairement à l'inconscient, peut devenir consciente par un effort d'attention ou de *remémoration*, par exemple.

Projection : il s'agit d'un processus psychique très courant, qui fait passer à l'extérieur des éléments désagréables que le sujet porte en lui-même. La projection fait ainsi partie des mécanismes de défense. Cette *extériorisation* passe le plus souvent par l'attribution à autrui de ces éléments que le sujet ne peut accepter comme lui appartenant en propre.

Psychose : la psychose est une pathologie mentale principalement caractérisée par la *rupture avec la réalité*. Il ne s'agit pas seulement d'inadaptation, mais de l'impossibilité de prendre en compte la réalité avec, souvent, la création d'une néo-réalité, réalité substitutive, comme dans le délire.

Pulsion : Freud distingue la pulsion de l'instinct, le psychique du physique. Il y a d'une part, l'excitation physique sexuelle et d'autre part, ce qu'elle suscite au niveau psychique (représentation, fantasme). La première est ponctuelle, la seconde poursuit ses effets dans le temps. La pulsion se compose d'une source (l'organe, substrat somatique), d'une poussée (le mouvement psychique), d'un but (la satisfaction) et d'un objet (le moyen de l'atteindre).

Réalité psychique : l'être humain a développé, à côté de la réalité physique et sociale, une réalité psychique où se déploie son imaginaire : fantasmes, rêves, rêveries diurnes, etc. et où se constitue sa subjectivité propre. La psychanalyse s'est spécialisée dans l'approche de ce *fonctionnement* psychique.

Réel/Imaginaire/Symbolique : ces *trois registres de la théorie lacanienne* font partie de la réalité psychique. Le réel est ce reste inaccessible et toujours recherché qui viendrait apporter une totale satisfaction, éliminant tout manque. Le réel échappe à la parole, il est innommable. L'imaginaire se construit avec l'expérience du miroir, cette rencontre de l'enfant avec son image. Le symbolique préexiste à l'individu, il est culturel et déjà porté par le langage.

Refoulement : c'est un *mécanisme de défense* qui consiste à se débarrasser des éléments indésirables. Ces éléments refoulés dans l'inconscient ne sont plus accessibles au Moi. La psychanalyse tente de ramener à la conscience une partie de ces éléments.

Régression : il s'agit d'un processus psychique de retour vers une *position antérieure du développement*. Ce processus est souvent bénéfique, il ne s'agit alors que d'un mouvement régressif, comme dans le rêve (nous régressons toutes les nuits !). Par contre, dans certains cas pathologiques, la régression n'est pas inscrite dans une dynamique psychique, mais bien dans une perte d'acquis (comme dans la démence). La situation psychothérapeutique suscite et utilise souvent le mouvement régressif.

Résistance : dans le cadre de la psychanalyse, ce terme est utilisé pour désigner le fait que la personne n'accepte pas ce qui lui est proposé. Elle ne se soumet pas à la règle d'association libre, refuse une interprétation, etc.

Sublimation : la sublimation est un *mécanisme dit de « dégagement »* qui permet non seulement d'éviter le conflit, l'angoisse, mais de trouver une satisfaction détournée, appréciable socialement. Dans ce cas, l'objet de la pulsion n'est pas l'objet sexuel mais un substitut, un objet valorisé socialement comme l'art, la religion, la science, le sport, etc.

Surmoi : le Surmoi correspond à la conscience morale. C'est une instance psychique mise en place lors du complexe d'Œdipe par intériorisation et idéalisation de la figure d'autorité, la loi. Il est à l'origine du *sentiment de culpabilité* (voir Idéal du Moi).

Symbolisation : c'est le processus qui permet de rendre représentables, pour soi et pour autrui, les pensées qui nous traversent. Il est à l'origine du *langage* et de la *parole*.

Topique : Freud a proposé deux topiques, c'est-à-dire deux modèles de l'appareil psychique dans lesquels il distingue des espaces, des instances.

La première topique distingue trois « lieux » et qualités psychiques : le conscient, le pré-conscient et l'inconscient.

La seconde topique distingue trois instances : le Moi, le Ça et le Surmoi.

Dans les deux cas, il s'agit d'un modèle dynamique, les différentes composantes étant en conflit entre elles et avec la réalité.

Transfert : le transfert est un mouvement affectif spontané, demande d'amour adressée à une personne. Il s'agit d'un transfert car il y a *déplacement* sur la personne en face de soi d'une situation affective qui appartient à notre histoire infantile. L'affect est ainsi projeté sur cette personne étrangère. C'est ce qui se passe en psychanalyse entre l'analysant et le (la) psychanalyste. On parle aussi de contre-transfert pour désigner ce que cette situation suscite chez le (la) psychanalyste (par rapport à sa propre histoire). Ce dernier est formé à s'auto-analyser.

Transitionnel : ce terme a été introduit par Winnicott pour désigner une *zone intermédiaire* entre le sujet et le monde extérieur, ni tout à fait intérieure, ni tout à fait extérieure. Cette « aire » transitionnelle et les « objets » transitionnels qu'elle contient sont essentiels pour le fonctionnement psychique. C'est un espace de jeu, ouvert à l'art et à la culture dans son ensemble. Winnicott a montré comment il se met en place chez le jeune enfant.

Liste des documents

Les thèmes

Les acteurs

Les cas cliniques devenus célèbres

L'inconscient au quotidien

Bibliographie

Anzieu D., *Le psychodrame analytique chez l'enfant*, Paris, PUF, 1956.
L'auto-analyse, Paris, PUF, 1959.
Les méthodes projectives, Paris, PUF, 1961.
Le groupe et l'inconscient, Paris, Dunod, 1975.
Le corps de *l'œuvre, essais psychanalytiques sur le travail créateur,* Paris, Gallimard, 1981.
Le moi-peau, Paris, Dunod, 1985

Benoit P., *Chroniques médicales d'un psychanalyste*, Paris, Rivages, 1988.

Berthoz A. et Jorland G., *L'empathie*, Paris, Éditions Odile Jacob, 2004.

Bettelheim B., « La Vienne de Freud », in *Vienne 1880-1938 – L'apocalypse joyeuse*, ouvrage collectif sous la direction de Clair J., Paris, Éditions du Centre Pompidou, SPADEM/ADAGP, 1986, p. 30-45.

Binswanger L., *Rêve et existence* (1930), Paris, Desclée de Brouwer, 1954.
Le cas Suzanne Urban. Étude sur la schizophrénie (1952), Paris, Desclée de Brouwer, 1957.
Introduction à l'analyse existentielle, Paris, Éditions de Minuit, 1971.

Bloch C., *Les psychothérapies aujourd'hui*, Bruxelles, éditions Université de Bruxelles, 1983.

Bouveresse-Quilliot R., Quilliot R., Les *critiques de la psychanalyse*, Paris, PUF, 1991.

Castarède M.- F., *Introduction à la psychologie clinique*, Paris, Belin, 2003.

Chemama R., *Dictionnaire de la psychanalyse*, Paris, Larousse, 1993.

Clair J. (Ouvrage collectif sous la direction de), *Vienne 1880-1938 – L'apocalypse joyeuse*, Paris, Éditions du Centre Pompidou, SPADEM/ADAGP, 1986.

Dolto F., *Le cas Dominique,* Seuil, Paris, 1971.
Au jeu du désir, Paris, Seuil, 1981.
Sexualité féminine, la libido génitale et son destin, Paris, Gallimard, 1982.
Séminaire de psychanalyse de l'enfant, deux tomes parus successivement au Seuil en 1982 et 1985.

Ferenczi S., *Œuvres complètes,* 4 tomes (1968-1982), Paris, Payot.
Journal clinique (1932), Paris, Payot, 1994.

Fernandez-Zoila A., *Freud et les psychanalyses*, Paris, Nathan, 1986.

Freud S. (Œuvres choisies)
L'interprétation des rêves (1900), Paris, PUF, 1967.
Psychopathologie de la vie quotidienne (1904), Paris, PUF, 1967.
Trois essais sur la sexualité (1905), Paris, Gallimard, 1962.
Le mot d'esprit et ses rapports avec l'inconscient (1905), Paris, Gallimard, 1981
Introduction à la psychanalyse (1916), Paris, Payot, 1965.
« Au-delà du principe de plaisir », (1920), in *Essais de psychanalyse,* Paris, Payot, 1970.
« Le Moi et le Ça », (1923), in *Essais de psychanalyse*, Paris, Payot, 1970.
Inhibition, symptôme et angoisse, (1926), Paris, PUF, 1986.
« Malaise dans la civilisation », (1929), in *Revue Française de Psychanalyse,* 1970, 34, 1, p. 9-80.
*L'homme Moïse et la religion monothéique (*1939), Paris, Gallimard, 1948.
Métapsychologie, Paris, Gallimard, 1968 (recueil de textes).
Cinq psychanalyses (recueil de textes), Paris, PUF, 1954.

Freud S. et Breuer J., *Études sur l'hystérie* (1895), Paris, PUF, 1967.

Garnier-Dupré J., *Sigmund Freud, une vie à l'œuvre*, Ramonville-Sainte-Agne, Erès, 1999.

Hobson A., *Le cerveau rêvant*, Paris, Gallimard, 1992.

Horney K., *La psychologie de la femme* (1967), Paris, Payot, 1969.
L'autoanalyse (1943), Paris, Stock, 1993.

Janet P., *L'automatisme psychologique*, Paris, Société P. Janet, 1889.
La médecine psychologique, Paris, Société P. Janet, 1923.
De l'angoisse à l'extase, Études sur les croyances et les sentiments, Éditions Alcan, 1926.

Jouvet M., *Le sommeil et le rêve*, Paris, Seuil, 1992.

Klein M., *Essais de psychanalyse* (1948), Paris, Payot, 1967.
Envie et gratitude et autres essais (1952), Paris, Gallimard, 1968.
La psychanalyse des enfants (1932), Paris, PUF, 1969.

Lacan J., *De la psychose paranoïaque dans ses rapports avec la personnalité,* Paris, Seuil, 1966.
Écrits, Paris, Seuil, 1966, et, les 25 séminaires dont une dizaine sont publiés au Seuil.

Lagache D., *L'Unité de la psychologie*, Paris, coll. « Que Sais-je ? » PUF, 1949.
La Psychanalyse, coll. « Que Sais-je ? », PUF, 1955.

Jung C. G., *La guérison psychologique* (1929-1934), Paris, Buchet-Chastel, 1954.
Dialectique du moi et de l'inconscient (1958), Paris, Gallimard, 1964.
Ma vie (1961), Paris, Gallimard, 1966.
Psychologie et religion (1938-1940), Paris, Buchet-Chastel, 1985.
L'homme à la découverte de son âme (1931-1948), Paris, Albin Michel, 1987.

Laplanche J., « Le genre, le sexe, le sexual », *in* A. Green, I. Grubrich-Simitis, J. Laplanche, J. G. Schimek, *Sur la théorie de la séduction*, Libres Cahiers pour la Psychanalyse, Paris, In Press, 2003, p. 69-103.

Laplanche J., Pontalis J.-B., *Vocabulaire de la psychanalyse*, Paris, PUF, 1968.

Lecourt E., *Freud et le sonore, le tic tac du désir*, Paris, L'Harmattan, 1992.

Lecourt E., *Introduction à l'analyse de groupe*, Toulouse, Erès, 2008.

Leupold-Löwenthal H., « Les minutes de la société de psychanalyse », in Clair J., 1986, p. 130-147.

Nasio J. D., *Enseignement de 7 concepts cruciaux de la psychanalyse*, Paris, Payot, 2001.

Popper K., *Le réalisme et la science, Post-scriptum à la Logique de la découverte scientifique*, vol.1, (1954), Paris, Hermann, 1990.
« La science et la psychanalyse » in *Cliniques méditerranéennes*, N° 41/42, Ramonville-Sainte-Agne, Erès, 1994.

Reich W., *La fonction de l'orgasme* (1942), Paris, L'Arche, 1952.
La révolution sexuelle (1930), Paris, Plon, 1968.
L'analyse caractérielle (1933), Paris, Payot, 1971.
La psychologie de masse du fascisme (1930-1933), Paris, Payot, 1972.
Écoute petit homme (1948), Paris, Payot, 1973.

Roudinesco E., *Jacques Lacan, Esquisse d'une vie, histoire d'un système de pensée*, Paris, Fayard, 1993.

Roudinesco E., Plon M., *Dictionnaire de psychanalyse*, Paris, Fayard, 1997.

Sami Ali, *Le rêve et l'affect : une théorie du somatique*, Paris, Dunod, 1997.

Silverman D., « Sigmund Freud, Jean-Martin Charcot », in *Vienne 1880-1938 – L'apocalypse joyeuse*, ouvrage collectif sous la direction de Clair J., Paris, Éditions du Centre Pompidou, SPADEM/ADAGP, 1986, p. 576-585.

Widlöcher D., *Les nouvelles cartes de la psychanalyse*, Paris, Éditions Odile Jacob, 1996.

Woods Winnicott D., *L'Enfant et sa famille, les premières relations* (1957), Paris, Payot,1971.
De la pédiatrie à la psychanalyse (1958), Paris, Payot, 1971.
La Consultation thérapeutique de l'enfant (1971), Paris, Gallimard, 1972.
Jeu et Réalité (1971), Paris, Gallimard, 1975.
La « Petite Piggle », traitement psychanalytique d'une petite fille (1977), Payot, Paris, 1980.

Index

D

E

T

Table des matières

Partie II
Théorie

Partie III
Le mouvement psychanalytique et la société

Partie IV
Les développements de la psychanalyse

Annexes

Dépôt légal : juin 2008
IMPRIMÉ EN FRANCE

Achevé d'imprimer le 26 juin 2008
sur les presses de l'imprimerie « La Source d'Or »
63200 Marsat
Imprimeur n° 12028

Dans le cadre de sa politique de développement durable,
La Source d'Or a été référencée IMPRIM'VERT®
par son organisme consulaire de tutelle.
Cet ouvrage est imprimé - pour l'intérieur -
sur papier offset "Amber Graphic" 90 g
des papeteries Arctic Paper, dont les usines ont obtenu
la certification environnementale ISO 14001
et opèrent conformément aux normes E.C.F. et E.M.A.S.